LE
MARMOUTIER

DEPUIS

SA FONDATION PAR SAINT MARTIN

JUSQU'A NOS JOURS

PAR L'ABBÉ P. DELALANDE

CHANOINE, ANCIEN AUMÔNIER DU SACRÉ-CŒUR DE MARMOUTIER

1901

IMPRIMERIE BARBOT-BERRUER

72, RUE DES HALLES, TOURS

HISTOIRE

DE

MARMOUTIER

———————

HISTOIRE

DE

MARMOUTIER

DEPUIS

SA FONDATION PAR SAINT MARTIN

JUSQU'A NOS JOURS

PAR L'ABBÉ P. DELALANDE

CHANOINE, ANCIEN AUMÔNIER DU SACRÉ CŒUR DE MARMOUTIER

IMPRIMERIE BARBOT - BERRUER

72, RUE DES HALLES, TOURS

—

Tous droits réservés

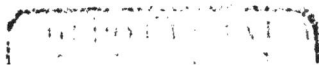

INTRODUCTION

Ce modeste ouvrage n'est point un livre de critique his-
torique, mais un simple résumé des faits qui nous ont paru
les plus intéressants dans l'histoire de Marmoutier, par
Dom Martène (1). Le but que nous nous sommes proposé,
étant de mettre à la portée de tous une histoire qui n'était
jusqu'ici guère connue que d'un petit nombre, à cause de
son étendue et de la rareté de ses exemplaires, nous avons
pensé ne pouvoir mieux l'atteindre, qu'en nous bornant à
raconter les événements qui se sont accomplis dans l'abbaye elle même, ou qui y ont trait d'une manière directe. De
cette façon nous avons pu restreindre considérablement
l'ouvrage de Dom Martène et cependant offrir un récit
suffisamment complet et d'une lecture, croyons-nous, plus
facile à suivre et plus attrayante pour tous.

Ayant eu l'avantage d'habiter pendant un certain nombre
d'années les lieux mêmes où se sont accomplis les événements que nous voulons raconter, il nous a été aisé de
tracer un tableau exact du Marmoutier moderne et de com-

(1) » *Histoire de la royale abbaye de Marmoutier* » publiée en 1874
par M. l'abbé C. Chevalier dans les mémoires archéologiques de Touraine.

pléter ainsi l'histoire de l'abbaye, par le récit des faits récents et une description fidèle, bien que succinte, du couvent actuel et des Lieux saints restaurés.

Pour plus de clarté, nous avons divisé cette histoire en quatre périodes.

La première va de la fondation du monastère, par saint Martin et les premiers moines de Marmoutier jusqu'à l'arrivée des Bénédictins ; la seconde, depuis l'installation des Bénédictins et des Abbés Réguliers, jusqu'à l'institution des Abbés Commendataires; la troisième, depuis l'institution des Abbés Commendataires, jusqu'à la Révolution; la quatrième enfin, depuis la Révolution et la ruine du monastère jusqu'à son rachat par les Dames du Sacré-Cœur, et l'époque actuelle.

Puissent ces pages, en vulgarisant l'histoire si pleine d'intérêt de l'abbaye de Marmoutier, contribuer quelque peu à la gloire de saint Martin, et attirer plus nombreux les fidèles vers les lieux qu'il a sanctifiés jadis par sa présence.

P. D.

HISTOIRE
DE MARMOUTIER

PREMIÈRE PÉRIODE

DEPUIS LA FONDATION DE MARMOUTIER PAR S. MARTIN JUSQU'A L'ARRIVÉE DES BÉNÉDICTINS (375-982)

CHAPITRE PREMIER

La célèbre abbaye de Marmoutier, plus ancienne que la Monarchie Française elle-même, a toujours été regardée comme une des premières du monde. Mais entre toutes ses gloires, la principale est bien d'avoir eu pour fondateur saint Martin, évêque de Tours, l'apôtre et le thaumaturge des Gaules.

On sait comment ce grand saint, tiré de son monastère de Ligugé pour être élevé malgré lui sur le siège de Tours, ne se crut pas dispensé par cette dignité des devoirs de son premier état. Il n'ignorait pas, en effet, que si l'épiscopat a quelque chose de plus relevé par l'excellence de son caractère, la profession religieuse renferme une perfection non moins sublime dans la pratique des conseils évangéliques, et qu'il est difficile de la conserver sans les exercices de la vie claustrale. Nous le voyons donc, non content de garder l'habit religieux et les pratiques du cloître, se faire construire, près de son Église-Cathédrale, une petite cellule où il put, en toute liberté, vivre comme dans son monastère; mais voyant que l'affluence de ceux qui accouraient de tous côtés pour le voir et l'entendre, troublait sans cesse son repos, il chercha un lieu plus retiré afin de se soustraire à l'importunité de la foule et de vaquer librement à la prière.

Un lieu complètement désert situé à trois kilomètres environ de la ville, sur la rive droite de la Loire fixa son choix; ce site sauvage, encaissé par des rochers escarpés et la rivière de la Cisse, défendu par des bois épais, n'avait d'autre accès qu'un étroit sentier perdu au milieu des broussailles, car la grande route d'Orléans à Angers passait alors sur la hauteur, et les voyageurs ne pouvaient même supposer l'existence de ce coin retiré, que la nature semblait réserver pour quelque destination mystérieuse.

C'est dans ce désert, rappelant Ligugé et l'antique Thébaïde, que le pontife des Turones, jeta les premiers fondements de cette abbaye fameuse qui plus tard devait s'appeler « Le Grand Monastère » (*majus monasterium*) ou Marmoutier (375).

Au début, ni construction, ni édifices d'aucune sorte. Une cabane de bois prêta seule son abri aux pieux fondateur. Mais ces grottes profondes, taillées depuis un temps immémorial dans les roches, n'étaient-elles point des cellules toutes faites, qui offraient une ressource inespérée pour une installation de cénobites.

Une d'entre elles avait, suivant la tradition, donné asile à saint Gatien, premier évêque de Touraine, persécuté par les païens; c'est là que l'apôtre évangélisait secrètement ses néophytes et offrait, en leur présence, les saints mystères. (1).

Martin se réserva la grotte située un peu au-dessous de celle de saint Gatien, et c'est sur ce terre-plein qu'il se tenait souvent, assis sur un escabeau de bois connu de tout le monde, au rapport de Sulpice Sévère. Un escalier grossièrement taillé dans le roc descendait de là vers la plaine. C'est ce logis plus que modeste, et dont l'intérieur ne renfermait qu'un lit d'ascète, que la postérité a pieusement conservé sous le nom de « Repos de saint Martin » (*Lectulum S. Martini*).

Presque immédiatement après son arrivée à Marmoutier, toute une phalange de disciples qui atteignirent bientôt le chiffre de quatre-vingts, accourut se placer sous la houlette du saint fondateur. Il utilisa, pour en loger une partie, les nombreuses grottes des rochers ; les autres se fabriquèrent des cabanes sur le modèle de la sienne. Puis il leur donna à tous ses instructions et leur imposa la même règle.

« Marmoutier ne fut, tout d'abord, qu'une Laure, c'est-à-dire une sorte de village composé de cellules éparses et de formes diverses, dont les pieux habitants vivaient sous une règle et sous un chef commun. » (2).

Rien n'est intéressant comme cette vie rudimentaire que la tradition nous a conservée assez fidèlement pour que le grand législateur de la vie monastique, saint Benoît ait pu y faire des emprunts. Les frères ne possédaient rien en propre (3), n'avaient aucun fonds, point de revenus, ne subsistaient que d'aumônes et tout ce qu'ils avaient était mis en commun. Il leur était défendu de vendre ou d'acheter, afin d'éloigner de leur cœur le désir d'amasser des richesses.

1) Martin, toujours selon la même tradition, la consacra d'une manière toute spéciale au culte de la T.-S. Vierge.

(2) Ch. des Moulins, Marmoutier en 1847. Tours, Mame, 1850.

3) Sulpice Sévère. *Vie de saint Martin (passim.)*

On travaillait pourtant à Marmoutier, mais le seul art manuel qui fut permis aux moines était celui d'écrivain ou d'enlumineur, encore n'y employait-on que de jeunes religieux. On laissait les plus âgés vaquer à l'oraison, à la prière et à l'étude de l'Ecriture sainte.

La discipline établie dans le couvent était très sévère. Les religieux, sans être astreints à une clôture absolue, ne sortaient de leurs cellules que pour les exercices en commun, et de leur monastère, que pour accompagner saint Martin dans ses courses apostoliques ou l'aider dans les fonctions de son ministère. Ils priaient ensemble à certaines heures du jour et de la nuit, et dans ce but, le saint abbé fit construire une petite église qu'il dédia aux saints apôtres Pierre et Paul.

Leur jeûne était perpétuel; et ils prenaient leur unique réfection ensemble, vers le milieu du jour. La nourriture commune se ressentait de la pauvreté. Elle se composait ordinairement de fruits et de légumes, jamais de viandes; le jour de Pâques et à quelques autres fêtes solennelles, on accordait, un peu de poisson. Quand revenaient ces jours là, on voyait la petite colonie de Marmoutier descendre allègrement vers les berges de la Loire et prendre une récréation extraordinaire. Les frères assistaient aux opérations du diacre Caton, très versé dans l'art de la pêche et spécialement chargé du soin du matériel de la communauté. Ils l'encourageaient de leurs paroles, de leurs regards, et quelquefois, grâce à l'intervention personnelle du saint Abbé, ils contemplaient une vraie pêche miraculeuse, rappelant doublement les scènes de l'Evangile. L'économe, après avoir jeté inutilement ses filets durant toute une journée, les tendait de nouveau, sur l'injonction de Martin, et ramenait tout à coup, avec un instrument beaucoup trop faible, un de ces énormes saumons dont la basse Loire a conservé l'espèce, capture inespérée, qu'il traînait sous les yeux de ses compagnons stupéfaits ! Mais si le poisson figurait de temps en temps sur la table, aucun jour n'y voyait apparaître le vin; les malades avaient seuls le privilège d'en goûter, lorsqu'il y avait nécessité absolue (1).

Le vêtement était simple et austère. Les religieux auraient cru commettre un crime en y apportant la moindre recherche. Ceux qui n'étaient pas vêtus de bure noire, comme leur maître lui-même, portaient des habits faits de poil de chameau. Leurs cheveux étaient coupés très courts et négligemment, et, ce qu'il y a d'admirable, c'est que la plupart de ces religieux appartenaient aux plus nobles familles et avaient été élevés délicatement au milieu du monde où ils avaient goûté toutes les jouissances du luxe et de la bonne chère.

Mais ils ne trouvaient rien de trop humble et de trop austère sous la discipline d'un si grand maître de la vie religieuse. Les magnifiques logis et les palais superbes qu'ils avaient quittés, ne leur paraissaient pas si beaux que ces grottes obscures et ces misérables cabanes dont ils faisaient maintenant leurs demeures. Grâce à l'observance de ces règles austères, ils atteignirent une haute perfection et il n'est pas étonnant qu'on ait comparé leur vie à celle même des anges.

Quoique le monastère fût construit, comme nous l'avons dit, au milieu d'une épaisse forêt et que l'accès en fût fort difficile il ne laissa pas cependant que d'être bientôt très visité. L'on y venait des pays les plus éloignés pour voir saint Martin et s'édifier au spectacle de la vie de ses religieux. Sulpice Sévère rapporte que c'était la coutume, à Marmoutier, de donner aux étrangers l'hospitalité la plus touchante ; avant de les faire asseoir à la table commune,

(1) Lecoy de la Marche. *Histoire de saint Martin.*

l'Abbé, en personne, présentait à ses hôtes de l'eau pour
se laver les mains, et le soir, il leur lavait les pieds (1).

C'est avec de semblables égards que saint Martin traita
Sulpice lui-même. A l'exemple de saint Pierre, celui-ci
avait hésité à se soumettre, mais, comme Notre-Seigneur,
le saint évêque le subjuga tellement par son autorité, qu'il
dut acquiescer à son désir.

Pourtant, lorsqu'un grand de la terre venait demander à
partager l'hospitalité des frères, on la lui refusait. Le saint
ne voulait point de pareils convives, craignant que quelqu'un des siens n'en tirât vanité, et préférant garder intact
le parfum d'humilité dans son monastère.

Mais, Marmoutier n'était pas seulement un cloître, c'était
encore une école et un séminaire. Il y avait là des enfants
et des adolescents qu'on s'appliquait à dresser de bonne
heure à la vertu et à la science. L'histoire de saint Brice
en est une preuve.

Brice appartenait à une riche famille de Tours. Doué
d'heureuses dispositions, il répondit très bien tout d'abord
aux soins que lui prodiguait saint Martin lui-même. Mais
une fois élevé à la cléricature, il oublia ce qu'il devait à
Dieu et à son évêque. La vanité lui enfla le cœur, le faste
et le luxe devinrent l'objet de ses pensées. Il ne répondit
que par l'ingratitude et l'insolence aux reproches qui lui
étaient paternellement adressés par son excellent maître ;
il alla, même parfois, jusqu'à le tourner en ridicule.

Tout le monde connaît ce trait qui, certes, n'est pas à sa
louange. Un jour, un pauvre infirme, venu auprès de Martin
pour trouver un remède à ses maux, lui demanda où il
pourrait trouver le saint. Brice, qui était alors diacre, répondit avec mépris : « Si c'est ce radoteur et ce fou que

---

(1) Des usages analogues se retrouvent dans la règle de saint Benoît
et sont encore pratiqués aujourd'hui dans les monastères de son ordre.

vous cherchez, ne le voyez-vous pas là bas qui regarde le ciel comme un insensé ? » Le malade, sans se laisser arrêter par la grossièreté de ce langage, courut à Martin, qui aussitôt lui rendit la santé, puis, s'adressant à Brice, le saint évêque lui dit avec sa douceur ordinaire : « Te semble-t-il encore que je sois un insensé ? — Le clerc indocile, au lieu de rougir de ses paroles, eut l'audace de nier qu'il eût rien dit de semblable. — « Pourquoi nier, répartit le saint, bien que je fusse loin de toi, je t'ai entendu tout à l'heure aussi distinctement que si tu m'eusses parlé à l'oreille. Cependant, mon fils, je ne cesse de prier Dieu pour toi afin qu'il te remette en ton devoir, et ce m'est une consolation de te dire que j'ai obtenu de lui, qu'après ma mort, tu sois mon successeur sur le siège de Tours, mais je dois t'avertir que tu auras beaucoup à souffrir dans ton épiscopat » (1).

Cette prédiction qui rappelle celle de Notre-Seigneur à S. Pierre, ne fut pour Brice qu'un nouveau sujet de risée, il en prit même occasion pour se moquer de son maître avec plus d'insolence. « Moi, dit-il, je serai évêque de Tours ! Je vois bien maintenant que j'ai eu raison de dire que vous êtes un fou et un extravagant.» — Mais le saint qui lisait dans les desseins de Dieu, ne se laissa point arrêter par ces injures, et peu de temps après il daigna élever son disciple à la prêtrise. Ce nouveau degré d'honneur ne rendit Brice ni plus humble ni plus sage. Il semble même qu'il devint plus insupportable encore. En voici une preuve :

Un jour que le saint était assis, selon sa coutume, sur sa chaire de bois, à la porte de sa cellule, il aperçut, sur la pointe du rocher, en face du lieu où il se trouvait, deux démons qui disaient: «Courage, Brice, courage,» et à l'heure même, celui-ci arrivait tout en furie et vomissait mille injures

(1) Sulpice Sévère. *Vie de saint Martin.*

contre saint Martin, pour se venger d'une réprimande qu'il avait reçue le jour précédent. Un peu de plus, il l'aurait frappé, et, tandis que le saint évêque cherchait à le calmer par les plus douces paroles, Brice eut l'impudence de lui dire qu'il était meilleur et plus saint que lui, puisque dès ses plus tendres années, il avait été élevé dans la piété et la discipline du monastère, tandis que lui, dans sa jeunesse, et de son propre aveu, n'avait fait que des actions de soldat, et qu'il avait vieilli dans des superstitions en se repaissant de fantômes et de ridicules visions.

Brice, croyant s'être bien vengé du saint évêque, s'éloignait, le cœur ulcéré, lorsque par un changement subit qu'on ne peut attribuer qu'aux prières de saint Martin, il retourna sur ses pas, se jeta aux pieds du saint et lui demanda pardon des outrages qu'il lui avait faits, avouant qu'en cette occasion, il avait été possédé du démon (1). Martin pardonna de bon cœur au coupable, et bien qu'il eut encore plusieurs fois à se plaindre gravement de lui, comme on le pressait de se défaire du rebelle, il n'y voulut jamais consentir disant que si Jésus-Christ son maitre n'avait point chassé Judas de sa compagnie, il pouvait bien garder Brice dans la sienne.

L'admirable patience du saint finit par triompher et par faire revenir complètement le coupable de ses égarements. Aussi, lorsque le grand évêque mourut, sa prédiction se réalisa : vingt jours après, Brice, qui malgré son caractère orgueilleux, avait d'excellentes qualités d'esprit, fut élu à sa place. En succédant à sa dignité, il succéda aussi à sa vertu. Ce ne fut plus alors ce prêtre superbe et emporté qu'on avait connu autrefois, ce fut un prélat doux,

(1 La pointe de rocher sur laquelle saint Martin aperçut le malin esprit se voit encore et a gardé le nom de rocher de la tentation de saint Brice.

humble et saint. Il devint un modèle de pénitence et un exemple pour ceux qu'il avait précédemment scandalisés. Comme saint Martin, il se retirait fort souvent à Marmoutier pour y pleurer en secret les fautes de sa vie passée. On montre encore actuellement, au dessous de la cellule même du repos de saint Martin, la sombre grotte où il vint prier, expier et s'humilier devant Dieu.

L'école de Marmoutier eut encore bien d'autres disciples dont les noms ont illustré l'Église, et dont un grand nombre méritèrent, par leur science et leurs vertus, d'être élevés sur des sièges épiscopaux. Les cités les plus éloignées, ambitionnaient d'avoir pour pasteurs les clercs sortis de l'illustre monastère, et façonnés par saint Martin. C'est ainsi qu'après avoir donné saint Brice à l'église de Tours, Marmoutier donna à celle d'Angers saint Maurille; à celle du Mans, saint Victorius; à celle de Lyon, un autre saint Martin; saint Corentin, à celle de Quimper, et d'autres encore à divers diocèses. Un grand nombre d'abbayes en reçurent leurs fondateurs : Montglonne, saint Florent, Brive, saint Martin, Saintes, encore un autre saint Martin, Blaye, saint Romain. L'Irlande doit aussi à Marmoutier son fameux apôtre saint Patrice, dont le souvenir a survécu dans plusieurs endroits en Touraine.

Ce dernier, selon la tradition, était né en Irlande; résolu à consacrer entièrement sa vie au service de Dieu, il vint à Marmoutier, se placer pendant quelque temps, sous la protection de saint Martin, dont on croit même qu'il était parent. Une tradition locale veut que le futur apôtre de l'Irlande, en arrivant en Touraine, se soit arrêté sur les bords de la Loire en un lieu, qui depuis, prit le nom de Saint-Patrice. C'était au milieu de l'hiver. Pendant que le saint se reposait près d'une haie, une épine noire fleurit miraculeusement au-dessus de sa tête. On montre encore aujourd'hui cet arbuste merveilleux, qui continue à fleurir chaque hiver, commé pour attester le passage du saint en ce lieu (1).

Patrice reçut des mains même de saint Martin la tonsure et l'habit monastique ; il demeura, dit-on, quatre années à Marmoutier, et après s'être pénétré des leçons de celui qu'il avait choisi pour modèle et pour maître, il partit, pour accomplir lui aussi, en Irlande, un glorieux apostolat.

CHAPITRE II

Ce n'étaient là que les premiers fruits du nouvel arbre, il devait en porter bien d'autres. Parmi les nombreux disciples de saint Martin, ceux qui se distinguèrent le plus par leurs vertus et laissèrent le souvenir le plus vivant dans notre Touraine, furent saint Clair, saint Mexme, Sulpice Sévère et les Sept-Dormants : Nous dirons quelques mots de chacun d'eux.

Saint Clair était issu d'une noble famille, mais aux avantages terrestres que lui offraient le nom et la fortune, il préféra l'humilité de la vie religieuse. Encore adolescent, lorsqu'il vint se ranger sous la discipline de saint Martin, il y grandit et y progressa de telle sorte, qu'en peu de temps il se distingua parmi ses frères, par sa vertu et sa piété ; aussi l'évêque l'éleva-t-il bientôt à l'ordre sacré de la prêtrise et lui confia-t-il même la conduite de quelques religieux qui vivaient dans une retraite toute proche du monastère. C'est là qu'il mourut de la mort des justes, peu de temps avant saint Martin lui-même (2). On montrait encore récemment, au bas de l'église de Sainte-Radegonde, un pan de muraille que l'on croit avoir appartenu à la chapelle de saint Clair.

(1) Voyez Dom Martène, publié par M. C. Chevalier. T. 1, p. 88 et 89.
(2) Tiré de la légende du propre de Tours.

Saint Mexme appartenait, lui aussi, à une illustre famille et, comme saint Clair, il eut le bonheur d'être formé dès ses premières années dans la vie monastique, à Marmoutier. Chacun admirait les progrès qu'il faisait dans la vie spirituelle, et, quoique son humilité le portât à cacher ses vertus, il ne put empêcher que les hommes n'en vissent encore assez pour lui décerner de justes louanges. Dans le but de les éviter, il s'enfuit bien loin de Marmoutier et se retira dans la solitude de l'île Barbe, située au milieu de la Saône, à une demi-lieue de Lyon. Mais là comme en Touraine, ses qualités éclatantes apparurent bientôt, et ses frères voulurent l'avoir pour abbé. Il se résigna à subir cette charge, puisque Dieu l'y appelait. Son mérite, d'ailleurs, ne fit qu'augmenter tous les jours, si bien que l'archevêque de Lyon, Eucher, le combla de ses bonnes grâces. Ce que voyant, l'humble religieux qui n'avait quitté son pays que pour vivre dans l'obscurité, abandonna Lyon et revint en Touraine, non toutefois pour se fixer à Marmoutier, où son nom était trop connu, mais à Chinon, où de nouveaux disciples ne tardèrent pas à l'entourer.

Sur ces entrefaites, Egidius, préfet des armées Romaines, vint mettre le siège devant la ville qui bientôt se trouva réduite à l'extrémité et sur le point de périr de soif. Mais saint Mexme releva le courage des habitants, et adressant à Dieu une fervente prière, il obtint du ciel une pluie abondante qui rafraîchit les assiégés, tandis que les éclairs et les tonnerres dont elle était accompagnée, saisirent les ennemis d'une telle épouvante, qu'ils levèrent le siège et s'enfuirent. C'était l'an 463. — Le saint parvint à une extrême vieillesse et survécut plus de soixante ans à saint Martin. Il termina sa vie dans son monastère où il reçut la sépulture et fit depuis, un grand nombre de miracles. La ville de Chinon l'a longtemps honoré comme son patron; quant au monastère, il fut plus tard transformé en collégiale, et

son église en grande partie ruinée, se voit encore aujour-
d'hui.

Nous ne pouvons passer sous silence, en parlant des disciples de saint Martin à Marmoutier, celui qui le premier a
écrit sa vie, et s'est distingué lui-même par son savoir et sa
vertu, *Sulpice-Sévère*. Il était originaire d'Aquitaine et
issu d'une des plus anciennes familles du pays. La beauté
de son génie et sa remarquable éloquence lui valurent de
l'éclat dans le monde. Il se fit surtout admirer dans le
barreau et contracta, avec saint Paulin de Nole, une amitié
très étroite, fortifiée encore par la grâce, maîtresse de leurs
deux cœurs. Sulpice était donc un personnage considérable
dans le monde, lorsqu'en un seul jour et par une résolution
héroïque, il renonça à tout pour suivre Jésus-Christ. Si nous
en croyons la tradition, cette conversion si extraordinaire
fut l'effet des prédications de saint Martin. Dès lors, Sulpice
lui voua une vénération profonde qu'il lui conserva toute
sa vie. Il ne se passait presque pas une année qu'il ne vint
de la Guyenne à Tours ou à Marmoutier pour avoir le
plaisir de le voir, et profiter tout à la fois de ses instructions et de ses exemples. Il y a même lieu de croire qu'il y
serait resté toujours, si saint Martin qui désirait étendre
partout la vie monastique, ne lui eût persuadé de demeurer
en son pays, où l'exemple de sa conversion et de sa vie si
édifiante pouvait produire un merveilleux effet sur l'esprit
des populations. Mais chaque fois qu'il venait en Touraine,
il trouvait dans le cœur du saint Évêque une tendresse
vraiment paternelle. Saint Martin l'honorait de sa familia-
rité et n'avait rien de caché pour lui, c'est lui-même qui le
rapporte; et lorsque le grand thaumaturge mourut, Sulpice
alors loin de lui, eut révélation de son trépas et de la gloire
dont il jouissait au ciel. Pour se consoler du départ de son
bien-aimé père, il vint aussitôt à Tours où il demeura cinq
ans entiers dans la propre cellule de saint Martin. Il ter-

mina ses jours dans la pratique plus stricte encore des conseils évangéliques et dans les exercices de la plus austère pénitence.

Il nous reste à faire connaître, parmi les pieux personnages qui ont illustré les origines de Marmoutier, du vivant même de saint Martin, les *sept frères Dormants.* La tradition a recueilli leurs noms : Clément, Prime, Lœtus, Théodore, Gaudens, Cyriaque et Innocent. Ayant entendu parler de la haute sainteté de l'évêque de Tours, ils vinrent tous les sept, jeunes encore, le trouver dans sa solitude de Marmoutier, et là, vivant en commun dans une grotte contiguë à celle que déjà saint Gatien avait consacré à la sainte Vierge, trouvèrent joie et bonheur dans le silence, la lecture, le jeûne et la prière.

Lorsque, plus tard, saint Martin eut quitté cette terre pour être reçu au ciel par les anges, il n'abandonna pas pour cela les sept frères. Maintes fois, depuis ce moment, il leur apparut pour les encourager et les soutenir dans la vie parfaite qu'ils avaient embrassée. Ils vécurent ainsi vingt-cinq ans encore, depuis la mort de saint Martin. Ce laps de temps écoulé, le saint, à la fête anniversaire de son bienheureux trépas, se présenta durant la nuit aux sept solitaires, et leur annonça leur prochaine délivrance en les avertissant que dès le lendemain ils paraîtraient tous ensemble devant Dieu. Ceux-ci se munirent alors du saint Viatique et se mirent en oraison. Lorsque vint l'aurore, on les y trouva comme plongés, mais ils dormaient du dernier sommeil. Bien que le voile de la mort se fût étendu sur eux, leurs visages étaient demeurés frais et vermeils, si bien qu'ils ressemblaient plutôt à des dormants qu'à des hommes sans vie, c'est ce qui donna occasion aux témoins de cette merveille de les appeler Dormants, nom qui leur a été conservé. Ils restèrent ainsi exposés pendant sept jours, répandant autour d'eux, dans leur cellule, une délicieuse odeur, après quoi, on procéda à leur sépulture. Ils furent ensevelis devant l'autel de leur oratoire que saint Martin avait enrichi de précieuses reliques. Des miracles s'accomplirent en grand nombre sur leurs tombeaux, aussi, par la suite, leur rendit-on, à Marmoutier, le culte dû aux saints.

Tels étaient les fruits merveilleux de grâce que produisaient autour de lui les enseignements et les exemples du bienheureux Martin. Lui-même, au milieu de tous, et par dessus tous resplendissait d'éclat et se voyait comblé des faveurs célestes les plus insignes. Souvent, les saints du ciel lui apparaissaient, et il conversait familièrement avec eux. Un jour, dans sa cellule, la Très sainte Vierge elle-même se montra à lui en compagnie de sainte Thècle et de sainte Agnès, prodige dont Marmoutier a religieusement gardé le souvenir (1).

Une autre fois, c'est un globe de feu qui resplendit soudain au-dessus de la tête du pontife tandis qu'il offre les saints mystères et que son visage apparait comme transfiguré aux yeux des assistants.

Le démon, pour le tromper, se présenta parfois à lui sous les déguisements les plus perfides, avec un manteau royal et une couronne d'or, un visage serein, cherchant à se faire passer pour Jésus-Christ lui-même, mais le saint le démasqua de suite par ces paroles pleines de foi : « Notre-Seigneur n'a point annoncé qu'il viendrait vêtu de pourpre et couronné d'un diadème, je croirai à sa présence, lorsque je le verrai tel qu'il était quand il a souffert pour nous, portant sur ses membres les marques de son supplice : » Et le démon se retira confus.

---

(1) Ne serait-il pas permis de voir dans ce prodige comme un présage de ce que Marmoutier devait devenir un jour, en se relevant de ses ruines pour passer dans les mains de vierges consacrées au Seigneur et vouées à l'éducation de l'élite des jeunes filles chrétiennes?

Martin avait conquis sur l'esprit de mensonge un tel empire, qu'il le balayait d'un souffle, partout où il le rencontrait. Dieu permit pourtant qu'une fois, le démon furieux le précipitât du haut de sa cellule, où il se blessa grièvement. Mais un ange descendit du ciel et lui apporta un baume divin qui guérit aussitôt toutes ses plaies.

On gardait autrefois, dans le trésor de l'abbaye de Marmoutier, une petite fiole de verre, contenant un baume miraculeux, qu'on prétendait avoir été apportée à saint Martin par un ange. Cette tradition prend, sans doute, sa source dans l'événement que nous venons de raconter. Mais il y a plus d'apparence que cette ampoule ne contenait que de l'huile bénite par le saint lui-même et dont il se servait quelquefois pour guérir les malades. Quoi qu'il en soit, elle était d'une grande efficacité et accomplissait de nombreux miracles, au rapport de saint Grégoire de Tours. Il venait des infirmes de fort loin pour recouvrer la santé par l'attouchement de cette relique, connue sous le nom de « *Sainte Ampoule de Marmoutier.* » Nous aurons occasion d'en reparler encore dans le cours de notre récit.

Nous ne suivrons pas le thaumaturge dans le cours de ses voyages apostoliques à travers la France entière, puisque notre cadre embrasse seulement les actes de sa vie qui ont eu Marmoutier pour théâtre. Il était parvenu à une grande vieillesse, et le jour venait où Dieu allait lui accorder la récompense due à tant de travaux et de vertus. A mesure qu'il approchait de ce moment, sa sainteté se faisait plus parfaite encore.

Homme de charité par excellence, Martin ayant appris qu'une mésintelligence divisait les membres du clergé de Candes, entreprit, malgré ses quatre-vingts ans, d'aller lui-même pacifier les esprits. Il n'ignorait pas cependant que sa mort était imminente (il l'avait annoncée à ses frères), mais il estimait que ce serait terminer dignement sa vie que de mourir en laissant à son église la paix des saints. Ayant donc convoqué une dernière fois tous les religieux de Marmoutier, il les embrassa tour à tour, leur donna sa bénédiction, désigna lui-même son successeur et se mit en route. En peu de temps, la concorde fut rétablie à Candes, et il songeait à revenir, lorsque tout à coup, il sentit ses forces défaillir. Alors, comprenant la volonté du ciel, il fit savoir aux disciples qui l'entouraient que le moment suprême était venu. Je ne peindrai point ici la douleur des siens, ni la scène si connue et si touchante dans laquelle, après une lutte héroïque entre le désir d'être encore utile à ceux qu'il aimait et le bonheur de se réunir pour toujours à Dieu, il finit par se remettre complétement entre les mains de l'arbitre suprême, attendant en paix que sa volonté s'accomplît en lui. Sa mort sublime fut le couronnement de sa sainte vie, et après une dernière parole qui était une victoire sur le démon, il rendit l'esprit un dimanche, vers le milieu de la nuit, et des anges descendus du ciel emportèrent aussitôt son âme bienheureuse au milieu de concerts d'une harmonie toute céleste. C'était, selon l'opinion la plus probable, le 8 novembre de l'an 397.

La cité des Turones se précipita tout entière au-devant des restes sacrés, que l'on ramenait dans ses murs. Les moines surtout, qui avaient formé les plus beaux fleurons de sa couronne, y accoururent en foule innombrable. Ceux de Marmoutier, parmi tous les autres, se trouvèrent là au premier rang, et ces pieuses phalanges de la prière et de la pénitence offrirent, de la sorte, au monde, le magnifique spectacle de la fécondité de l'arbre que saint Martin avait planté de ses mains.

CHAPITRE III

Saint Martin était mort, mais il devait se survivre à lui-même, tant par ses miracles innombrables que par l'éclat de la sainteté de ses disciples de Marmoutier.

Avant de partir pour Candes, le saint avait confié le gouvernement du monastère à Gualbert ou Gilbert. Aucun détail ne nous est parvenu sur les actes de ce premier abbé, mais le seul fait du choix de Martin parle bien haut en sa faveur. Aicard, qui le remplaça, aurait administré les derniers Sacrements aux Sept-Dormants, alors que d'après l'avis céleste, « ils passèrent de cette vie à une plus heureuse, et s'endormirent au Seigneur, » disent les chroniques.

On ne sait rien des abbés qui lui succédèrent immédiatement, si ce n'est que par leur sagesse et leur piété, ils conservèrent à Marmoutier ce parfum de sainteté que saint Martin et ses premiers disciples y avaient répandu et continuèrent à y attirer d'illustres personnages, avides de trouver le vrai chemin du ciel.

Nous devons compter parmi ces derniers plusieurs saints Irlandais qui, à l'exemple de Patrice, leur apôtre, vinrent du fond de l'Hibernie plus encore pour s'initier à la perfection que pour se former aux lettres divines et humaines.

Citons seulement saint Firmien, qui, de retour en Irlande, bâtit des monastères, véritables pépinières d'évêques et de saints religieux; saint Conan et, avec lui, toute une pléïade de moines Irlandais qui, eux aussi, avaient puisé dans le grand cœur de Martin l'amour de Dieu et l'amour pour les âmes.

Aux noms de ces saints étrangers, il faut joindre celui

de *saint Yrieix d'Atane*, né à Limoges. Grâce à la noblesse de sa famille et à son propre mérite, il était devenu chancelier de Théodebert, roi d'Austrasie, et exerçait cette charge avec prudence; il la quitta pourtant bientôt, afin de se consacrer entièrement au service de Dieu. Devenu fondateur et abbé du monastère d'Atane, il fit de fréquents voyages à Tours, dans le but de s'y remplir de l'esprit de saint Martin, pour lequel il avait une singulière dévotion. Après avoir satisfait sa piété près du tombeau du grand Thaumaturge, il passait le fleuve, venait à Marmoutier honorer les lieux que le saint avait habités pendant sa vie et les arrosait de ses larmes. Une fois, entre autres, allant visiter une fontaine que saint Martin avait découverte et creusée de ses mains, il y faisait sa prière lorsque sa piété lui inspira d'y remplir un vase et de l'emporter avec lui. Or à quelque temps de là, son frère, nommé Renosin, ayant été gravement malade, réduit à l'extrémité, saint Yrieix se souvint de l'eau de saint Martin; il n'en eut pas plus tôt versé une goutte dans sa bouche que le malade ouvrit les yeux et recouvrant soudain la parole, supplia qu'on lui donnât encore de ce breuvage salutaire. A peine y avait-il trempé les lèvres une seconde fois, qu'il était complètement guéri (1).

Dans une autre circonstance, saint Yrieix venait de réciter, pendant la nuit, matines avec les religieux de Marmoutier, lorsqu'au sortir de l'Eglise, il aperçut une vive lumière qui semblait descendre du ciel, juste au-dessus de la cellule de saint Martin. Il crut d'abord que cette vision était naturelle, tout en se demandant qui pouvait se pro-

---

(1) Grég. de Tours. *Des miracles de saint Martin.* — Cette fontaine existe toujours; on en voit la nappe limpide au fond d'une excavation profonde de la roche, au pied du côteau de Rougemont. Elle offre cette particularité de ne tarir jamais.

mener ainsi dans les jardins, à une heure aussi indue; mais, comme il continait à admirer l'éclat de cette lumière, le merveilleux flambeau s'éleva tout à coup et disparut dans le ciel. Il en conclut que c'était saint Martin lui-même qui était revenu visiter un lieu qui lui avait été si cher pendant sa vie et qui remontait au ciel, au milieu des splendeurs de la gloire.

Du reste, les prodiges se multipliaient de jour en jour, et cela à la seule invocation du nom de Martin à son tombeau, et dans les divers endroits qu'il avait sanctifiés par sa présence.

La coutume s'était déjà introduite, à cette époque, que chaque année, aux fêtes de Pâques, l'évêque de Tours vînt à Marmoutier avec son clergé et son peuple pour y vénérer la mémoire du glorieux pontife. Cette dévotion devint si grande que des familles entières quittaient leurs maisons avec leurs domestiques et laissaient la ville déserte pour se trouver à la solennité. Or, aucun pont sur la Loire n'existant, on était obligé de passer le fleuve en bateau. Une des barques se trouvait surchargée de monde au milieu des eaux, lorsque le démon, ennemi de saint Martin et jaloux de la piété ardente du peuple, renversa le frêle esquif. A cette vue, ceux qui se trouvaient sur la rive, remplis d'angoisses, implorèrent, avec tout l'élan de la foi, le secours de saint Martin, et aussitôt, les naufragés, sauvés miraculeusement du danger, se virent transportés, par une vertu divine, sur l'autre bord, où ils furent reçus au milieu des acclamations et des actions de grâces de la foule (1).

Parmi les saints personnages qui illustrèrent encore la solitude de Marmoutier, dans le premier siècle qui suivit la mort de saint Martin, il faut citer *saint Léobard*, auquel le

(1) Grég. de Tours. *Des miracles de saint Martin.*

peuple a donné aussi le nom de Libert. Il était originaire de
l'Auvergne. C'était un jeune homme riche, doux et charmant,
et dont la grâce de Dieu avait de bonne heure touché l'âme.
Ses parents voulaient l'engager dans les liens du mariage,
mais lui apportait à leur désir une respectueuse résistance.
Cependant, par égard pour eux, il finit par céder; déjà les
dons des fiançailles étaient échangés avec celle qui devait
être son épouse, lorsque son père et sa mère moururent
inopinément, le laissant en pleine liberté. Aussitôt
résolu de quitter le siècle pour se donner à Dieu, il se
demanda quels étaient les meilleurs moyens pour mettre
à exécution son dessein. Dans ce but, il se dirigea
vers le tombeau de saint Martin, ne doutant point qu'un
saint qui avait fait tant de miracles, ne lui ouvrît, par
son intercession la porte du ciel. Son attente ne fut point
trompée. Après avoir prié au saint tombeau, il passa la
Loire afin d'aller s'ensevelir dans la solitude de Marmoutier
Il y choisit, près de l'entrée du monastère, une cellule taillée
dans le roc, qui se trouvait vacante, et la creusa lui-même
plus profondément encore. Là, s'étant procuré des mem-
branes de parchemin pour écrire, il s'appliqua tout entier à
l'étude des Livres saints. Les jeûnes, les veilles, la prière,
la psalmodie et la lecture faisaient toute son occupation,
interrompue seulement par le travail des mains qui consis-
tait pour lui à transcrire les livres de l'Ecriture ou des
Pères et à les orner d'enluminures, et aussi à tailler le roc
pour agrandir sa cellule. Il s'acquit bientôt, par son humilité et sa vertu, l'estime et le respect de tout le monde ;
mais un jeune religieux, qui s'était mis sous sa conduite,
étant entré en querelle avec ses voisins, le tentateur, toujours ennemi des serviteurs de Dieu, en prit occasion pour
inspirer à Léobard la pensée de quitter sa cellule pour en
chercher une autre. Sur ces entrefaites, saint Grégoire,
évêque de Tours, qui allait souvent prier à Marmoutier,

étant survenu, Léobard lui découvrit sa tentation. L'évêque lui démontra facilement que c'était là un pur artifice du démon, et afin de le soutenir dans la tâche qu'il avait entreprise, il lui donna plusieurs livres, entre autres, les Vies des Saints du désert, les institutions de Cassien et les règles des solitaires. Léobard les lut avidement et en reçut de grandes lumières pour sa propre conduite et celle des autres.

Sa parole était douce et agréable, et on l'écoutait avec un extrême plaisir. Il demeura ainsi vingt-deux ans dans sa solitude, et reçut de Dieu une grâce si efficace que sa seule salive était un remède contre les plaies du corps, et que le vin qu'il avait béni par le signe de la croix guérissait les fièvres. « Un jour, dit Dom Martène un aveugle vint devant lui déplorer son malheur et le prier avec humilité de toucher seulement ses yeux. Léobard s'en défendit longtemps, mais enfin. vaincu pas les instantes prières de l'infirme, et touché de sa misère, il passa trois jours en oraison, et le quatrième, lui ayant imposé les mains, il fit cette prière : «Seigneur tout puissant, Fils unique de Dieu le Père, qui régnez avec Lui et le Saint-Esprit dans les siècles, et qui, avec la salive de votre bienheureuse bouche, avez rendu la vue à l'aveugle-né, rendez l'usage de ses yeux à votre serviteur, afin qu'il reconnaisse et loue votre puissance. » En finissant ces paroles, il fit le signe de la croix sur les yeux de l'aveugle qui recouvra aussitôt la vue. »

Enfin, cassé avant l'âge par l'assiduité de ses travaux et l'austérité de sa pénitence, il sentit que ses forces commençaient à défaillir, et, se trouvant un jour plus faible qu'à l'ordinaire, il fit appeler l'évêque saint Grégoire. Après lui avoir parlé de la nécessité de la mort, il lui demanda le saint Viatique : « Voici, lui dit l'ermite, la fin de ma vie qui approche, puisque Dieu veut bien me délivrer des liens du corps. Je resterai pourtant ici quelques jours encore, mais avant Pâques, Dieu m'en retirera. » « O le bienheureux homme, s'écrie saint Grégoire de Tours, qui a servi de telle sorte le créateur de toutes choses, qu'il a mérité de connaître, par une révélation divine le jour de sa mort ! »

— Deux mois plus tard, la maladie de Léobard s'aggrava en effet, et comme on était au dimanche, il dit au frère qui le servait : « Préparez-moi quelque chose, parce que je suis extrêmement faible. » — Celui-ci lui ayant répondu que tout était prêt. « Sortez maintenant, lui dit-il, et voyez si la messe est finie. » — Il parlait ainsi, non pas dans le désir de prendre quelque chose, mais afin que personne ne le vît expirer. Quand le serviteur rentra, il trouva le saint étendu sur la terre, les yeux fermés; il avait rendu l'esprit. Surpris, le serviteur poussa un grand cri, et les autres frères étant accourus, on revêtit le défunt de ses habits et on le déposa dans un sépulcre qu'il s'était creusé lui-même dans le roc de sa cellule. — Son corps fut transféré dans l'église conventuelle de Marmoutier, et saint Grégoire de Tours, témoin oculaire d'un grand nombre de ses actions, a voulu lui-même écrire sa vie (1).

CHAPITRE IV

Pendant la durée des VIIe, VIII et IXe siècles, l'histoire du monastère est assez obscure; les noms des abbés qui l'ont régi alors se retrouvent seuls dans les Actes publics et les conciles provinciaux qui se tinrent durant cette période, et il faut aller jusqu'au règne de Charlemagne pour rencontrer un fait digne d'être signalé. Le pieux mo-

(1) La grotte de saint Léobard se voit encore dans les rochers de Marmoutier, un peu au-dessus de celle des Sept-Dormants.

narque prenant l'abbaye sous sa protection, l'exempta de
tous les droits du fisc, et défendit aux juges et officiers du
royaume de troubler les moines dans la possession des
biens qui leur appartenaient ou pourraient leur être donnés dans l'avenir, afin que les religieux, dans la paix et la
tranquillité, fussent à même de prier sans cesse pour la
prospérité de la famille royale et de tout l'empire. Ces
privilèges furent confirmés et augmentés encore par Louis
le Débonnaire et ses successeurs. En même temps, plusieurs donations territoriales vinrent assurer des revenus
au monastère.

Vers le milieu du IXe siècle, Marmoutier fut gouverné
par un abbé du nom de Regnaud, homme de grande
naissance, frère du comte Vivien, abbé de Saint-Martin
de Tours, et très considéré de Charles-le-Chauve. Il se
montra véritablement le père de ses religieux, et fit faire
une translation solennelle de reliques qui laissa à Marmoutier un grand souvenir. Nous voulons parler du corps de
saint Gorgon, martyr.

Ayant trouvé son monastère en assez mauvais état finan-
cier, l'abbé Regnaud entreprit le voyage de Rome afin de
satisfaire tout d'abord sa dévotion et d'obtenir ensuite du
Pape quelques reliques au moyen desquelles il espérait attirer des aumônes et des offrandes. Il partit de Tours après
les fêtes de Saint Martin (novembre 846) accompagné de
plusieurs de ses religieux. Arrivés à Rome, ils visitèrent
le tombeau des saints Apôtres, puis obtinrent audience du
Pape qui leur donna le corps de saint Gorgon, martyr,
et, chargés de ce trésor, ils se remirent en route pour la
France, au mois de mai 847. L'abbé apprécia mieux encore
le présent qu'il venait de recevoir en voyant le grand nombre
de miracles que ces ossements sacrés opérèrent partout sur
leur passage. A Plaisance, à Verceil, à Aoste, à Lausanne,
à Salins, à Orléans, tous les malades que l'on amena devant

les saintes reliques recouvrèrent la santé. On arriva à Marmoutier le 3 juillet, veille de la fête de la Translation et de l'Ordination de saint Martin.

Le corps du martyr y fut reçu solennellement par Landran, archevêque de Tours, Actard évêque de Nantes, et le comte Vivien, abbé de saint Martin, et frère, comme nous l'avons dit, de l'abbé de Marmoutier. Le reliquaire fut d'abord exposé au milieu de l'église à la vénération des peuples, en attendant qu'on lui préparât une place honorable. Mais comme dans ce temps là, les femmes n'entraient pas dans l'église abbatiale, afin que les fidèles de l'un et l'autre sexe eussent la liberté de venir révérer le saint corps, on trouva bon de l'exposer pendant quelque temps hors de l'enclos du monastère. Depuis, on bâtit dans cet endroit une petite chapelle en l'honneur de saint Gorgon. Elle subsistait encore, paraît-il, au XIIᵉ siècle. Le saint continua à y faire éclater son pouvoir par de nombreux miracles. Nous pouvons constater par ce fait combien était grande alors la dévotion des fidèles envers les reliques des saints, et aussi de quelle façon Dieu se plaisait à récompenser leur foi.

A partir de cette époque, les dates vont commencer à devenir plus précises, et les évènements de l'histoire se dérouler sous nos yeux avec plus de détails.

Lorsque l'abbé Regnaud mourut, ce fut le comte Vivien son frère, déjà abbé de Saint-Martin, qui prit le titre d'abbé de Marmoutier, grâce au crédit dont il jouissait auprès du roi. C'était malheureusement un homme de cour; on lui attribue, néanmoins, quelques œuvres pies, telles que le rétablissement de l'oratoire de la sainte Vierge, où reposaient les disciples de saint Martin, près de l'entrée du monastère, et qui prit, depuis, le nom de chapelle de N.-D. des Sept-Dormants.

L'homme qui laissa, en ce temps, la plus grande réputation de foi et de charité fut le célèbre Héberne, soixante-sixième abbé de Marmoutier. Dieu qui connaissait sa piété, après avoir voulu qu'il fût placé à la tête de ses frères, permit aussi, pour éprouver sa vertu, que sous son administration, l'abbaye fût ravagée par les Normands.

Déjà, Paris et Orléans avaient éprouvé les effets de la fureur de ces barbares : Amboise et tout le pays entre la Loire et le Cher n'étaient plus que débris et cendres. Poursuivant leurs victoires sous la conduite d'Hasting, leur chef, ils vinrent assiéger Tours. Cette ville était sur le point de succomber elle aussi, lorsque les habitants désolés, eurent la pensée de recourir à leur saint patron, Martin, de tirer le corps sacré hors du tombeau, et de le porter sur leurs murailles, à l'endroit même où les ennemis les battaient avec le plus de violence. « Chose admirable dit Dom Martène, ils n'opposent à une armée nombreuse, excitée par le butin qu'elle avait déjà fait et par celui qu'elle espérait faire encore, qu'un corps sans vie. Mais voici que de ces ossements inertes s'échappe une vertu vivante qui dissipe comme une fumée, les funestes desseins des barbares. Une terreur panique les saisit, la crainte les jette dans le désordre, ils lèvent le siège et prennent la fuite. On les poursuit, on les défait : partie demeure sur la place, partie est faite prisonnière, le reste se sauve comme il peut.»

Après une si grande victoire, on rapporta le corps de saint Martin dans son église, avec de solennelles actions de grâces, et l'archevêque de Tours voulant perpétuer à jamais le souvenir d'une telle protection, institua et fixa au 12 mai une fête de reconnaissance qui s'est perpétuée jusqu'à nous sous le nom de Subvention de saint Martin. L'abbé de Marmoutier, entouré de ses religieux, célébrait les saints mystères à la basilique.

Mais la ville de Tours ne jouit pas longtemps du fruit de cette victoire. Dieu avait résolu d'humilier son peuple. Dix ans s'étaient à peine écoulés, qu'une nouvelle invasion de Normands venait inonder la France. Comme le siège du Mans traînait en longueur, Rollon dirigea une partie de son armée sur Tours, mais arrêtés par un débordement de la Loire et du Cher, ces pirates ne purent approcher de la ville et déchaînèrent alors toute leur fureur sur l'abbaye de Marmoutier. Ils en ruinèrent les édifices de fond en comble, et massacrèrent cent seize religieux dont la mort fut sans doute précieuse devant Dieu.

Mais celui qui éprouva le plus les effets de leur cruauté, fut le pieux abbé Héberne. Il s'était caché avec vingt quatre de ses religieux dans les cavernes du coteau et avait ainsi échappé au carnage, lorsqu'il finit par être découvert. Les barbares se saisirent de sa personne, et lui firent subir de cruels tourments pour l'obliger à déclarer où était le trésor de l'église, et les grottes qui servaient de refuge à ses disciples. Héberne soutint la violence des supplices avec une constance invincible et ne voulut rien découvrir. La cruauté des bourreaux échoua devant la constance de leur victime.

Ce fut comme par miracle qu'il échappa à la mort, et lorsque les ennemis se furent retirés, ne laissant après eux que des ruines, les chanoines de Saint-Martin vinrent consoler leurs frères de Marmoutier et les emmenèrent chez eux, à Tours, où ils leur rendirent tous les devoirs de la plus cordiale hospitalité.

Six mois ne s'étaient pas écoulés que Rollon, devenu maître du Mans tournait de nouveau les armes contre la ville de Tours. Il fallait, avant tout, soustraire à sa fureur la précieuse châsse de saint Martin. On en donna la garde au saint abbé Héberne, à ses vingt-quatre moines et à douze chanoines de Saint-Martin, auxquels on adjoignit douze bourgeois du cloître. Ceux-ci quittèrent donc la ville avec leur sacré dépôt et le transportèrent d'abord à Cormery, puis successivement à Orléans (1), à Saint-Benoît-sur-Loire, à Chablis, et enfin à Auxerre où ils s'arrêtèrent. Les reliques du patron de la Touraine furent déposées près de celles de saint Germain et elles opérèrent un nombre incalculable de miracles pendant les trente-et-un ans qu'elles demeurèrent dans ce lieu.

Les vingt-quatre religieux de Marmoutier, n'ayant plus d'asile furent, les uns élevés à l'épiscopat, les autres choisis pour abbés dans divers monastères de la Bourgogne; comme si saint Martin, par reconnaissance, eût voulu ainsi faire honneur à ceux qui l'avaient honoré lui-même en préservant ses reliques. Les moines que la Bourgogne se donnaient ainsi pour pasteurs, lui offraient la triple garantie de leur origine révérée, de leur courage au milieu des tortures, et de leur constante fidélité pendant les fatigues de l'exil. Pour l'abbé Héberne, il resta à Auxerre, ne voulant point quitter le corps du saint Evêque.

Cependant, Dieu ayant rendu la paix à la France, par la conversion de Rollon, les citoyens de Tours songèrent à rentrer en possession du corps de leur bien-aimé patron. Ils le demandèrent d'abord à l'évêque d'Auxerre qui répondit par un refus de se dessaisir d'une relique dont il avait trouvé, à son arrivée, son diocèse en possession. La réponse du roi, auquel ils s'adressèrent ensuite, ne leur fut pas plus favorable. Mais Ingelger, comte de Gâtinais et d'Anjou qui possédait un palais dans Auxerre même, prit en main leur cause et vint, en armes, réclamer le saint corps. Effrayé de cet appareil de guerre, et ayant consulté plusieurs prélats, l'Evêque se décida enfin à donner satisfaction au comte; il prit même toutes les mesures pour

___

(1) On croit qu'il fut déposé dans la crypte de la collégiale de Saint-Aignan, de telle sorte que les restes mortels des deux illustres confesseurs se rencontrèrent un instant sous ces sombres voûtes.

que le retour des reliques se fit avec une pompe et une magnificence dignes de saint Martin.

Le bon vieillard Héberne, qui n'avait point quitté le précieux dépôt durant tout le temps de son long exil, convoqua ceux de ses anciens disciples qui vivaient encore : On célébra solennellement la messe, et les évêques réunis alors à Auxerre, tinrent à honneur de porter eux-mêmes la sainte châsse escortée des troupes d'Ingelger.

Les cantiques de louanges ne cessèrent de retentir le long du chemin, et chaque jour les saints mystères étaient célébrés devant le corps de saint Martin. La dévotion générale qu'il inspirait déjà s'accrut encore, lorsqu'on vit les miracles se multiplier sur son passage et devenir plus nombreux à mesure qu'on approchait de la ville de Tours. Quoique ce fût au mois de décembre, on vit des arbres reverdir et se couvrir de fleurs; à la basilique, les cloches sonnèrent d'elles-mêmes et les cierges s'allumèrent tout seuls, au moment où les saintes reliques furent reçues par Adalarid, archevêque de Tours, et les évêques, ses suffragants. Une nouvelle fête fut instituée en mémoire de cet heureux retour, et porte encore le nom de Réversion de saint Martin (14 Déc. 887).

Le Chapitre de saint Martin, pour témoigner à Ingelger sa profonde reconnaissance, lui conféra la dignité de trésorier de la basilique, où il reçut également les honneurs de la sépulture. Quant au saint vieillard Héberne, bien digne d'être récompensé de sa constance, Adalarid, archevêque de Tours, étant venu à mourir, il fut élevé à sa place sur le siège de cette ville, et l'occupa encore, à ce qu'on prétend, pendant vingt-sept ans.

Pendant ce temps, l'abbaye de Marmoutier, en partie relevée de ses ruines, avait été donnée à Robert comte d'Anjou, et comme elle se trouvait, par suite des événements que nous venons de raconter, privée de tous ses religieux, on songea à les remplacer par des chanoines, ainsi qu'on l'avait fait pour saint Martin de Tours. L'ambition qui régnait alors dans le siècle et la cupidité des grands, dont plusieurs avaient reçu le titre d'abbés de Marmoutier, favorisaient ce dessein. Vingt-quatre chanoines furent donc installés au monastère, au lieu des cent-quarante moines qu'on y avait vus jusqu'alors : la régularité cessa d'être observée, le pays fut privé des exemples donnés par les pieux solitaires, et les pauvres, des abondantes aumônes qu'ils avaient l'habitude d'y recevoir.

A la mort de Robert-le-Fort, que nous avons nommé plus haut, son fils, Louis, hérita de la célèbre abbaye, qui passa ensuite à Eudes, lequel, étant devenu roi, la transmit à son frère Robert, déjà possesseur de Saint-Martin de Tours.

A cette époque, les Normands ayant fait une nouvelle incursion en Touraine, Robert fortifia les deux monastères et les pourvut de revenus territoriaux pour les mettre en mesure de réparer les pertes que leur pourraient occasionner les pillards. Cette fois, les envahisseurs entrèrent dans la ville et brûlèrent vingt-neuf églises, y compris celle de saint Martin. L'archevêque Héberne qui avait sauvé à grand peine sa cathédrale, conçut alors le projet, pour remédier plus facilement aux dommages qu'elle avait subis, de réunir à sa mense, le monastère de Marmoutier : les députés qu'il envoya à Robert, plaidèrent si bien sa cause que ce prince, oubliant les immunités de l'abbaye, accorda à l'Archevêque la permission sollicitée. Mais les chanoines émus de cette détermination, s'empressèrent de leur côté à faire valoir les privilèges dont jouissait le monastère, privilèges ratifiés par les rois, les empereurs et le pape même, qui l'exemptaient de toute dépendance hors celle de son abbé.

Héberne fut touché de leurs remontrances et se désista

de ses prétentions. Il fut de nouveau stipulé, à cette occasion, que l'abbaye serait placée sous la protection spéciale des rois de France, pour le temporel, et sous la juridiction immédiate du Saint Siège pour le spirituel (912).

Robert ayant été tué dans une bataille, son fils Hugues devint possesseur des deux abbayes. Après lui, Hugues Capet, surnommé le défenseur de l'Église, fut le dernier abbé séculier de Marmoutier.

Pour se faire une idée exacte de la situation de la France à la fin du IXe siècle, il faut se représenter les ravages étranges que causaient partout les terribles Normands : les monastères étaient pillés et leurs habitants massacrés, les églises incendiées, les vases sacrés arrachés du lieu saint, les religieux ou les évêques échappés au fer des envahisseurs, s'enfuyaient à Paris auprès d'Hugues Capet, pour mettre en sûreté les reliques de leurs églises respectives. C'est ainsi que les corps de saint Magloire, de saint Samson, de saint Paterne et de saint Corentin, subirent plusieurs translations, et que les religieux de Marmoutier conservèrent jusqu'à la Révolution une partie des reliques de saint Corentin, évêque de Quimper.

Il y avait déjà plus d'un siècle que l'abbaye était veuve de ses religieux, et les chanoines qu'on avait mis à leur place, se ressentant de la corruption des mœurs de l'époque, étaient bien loin de donner au monde l'édification et l'exemple de leurs devanciers. Sur ces entrefaites, le comte Eudes de Blois, possesseur de cette province, vint à Tours avec la comtesse Berthe, sa femme. Celle-ci professait une dévotion singulière pour saint Martin, et peu édifiée du spectacle que lui offrait le monastère actuel, elle pria le comte de faire cesser ces désordres en y rétablissant la vie monastique.

Cette requête fut agréée du prince; mais comme l'abbaye était sous la protection spéciale des rois de France, et que c'était à eux qu'appartenait la nomination des abbés, il s'adressa à Hugues Capet. Ayant obtenu les autorisations nécessaires, il fit travailler avec activité au rétablissement des lieux réguliers du monastère, jadis renversés par les Normands, et lorsque tout fut en état, il demanda à saint Mayeul, abbé de Cluny, treize religieux qui vinrent en prendre possession vers l'an 982.

Eudes, et Berthe son épouse, s'acquirent, par leur générosité et leurs vertus, la reconnaissance de l'abbaye. A leur exemple, leurs descendants continuèrent à l'affectionner d'une manière toute particulière, et lui demeurèrent si attachés, que Thibault, l'un de leurs fils, comte de Champagne et de Blois, ayant été fait prisonnier par le comte d'Anjou et obligé de donner la ville de Tours pour sa rançon, ne voulut jamais y consentir qu'en se réservant expressément l'abbaye de Marmoutier.

DEUXIÈME PÉRIODE

DEPUIS L'INSTALLATION DES BÉNÉDICTINS
A MARMOUTIER
JUSQU'A L'ÉTABLISSEMENT DES ABBÉS COMMENDATAIRES

(982 - 1539)

CHAPITRE PREMIER

Saint Mayeul, auquel le comte et sa femme s'adressèrent pour réaliser leur pieux dessein, était un homme d'une éminente sainteté devenu, malgré lui, abbé de Cluny, renommé par ses miracles, et que l'empereur Othon aurait fait élever à la dignité suprême si l'humilité du saint n'y eût opposé une résistance formelle. Il fut le réformateur d'un grand nombre de monastères d'Allemagne, de France et d'Italie, et l'on ne pouvait faire un meilleur choix que celui de sa personne pour rétablir l'observance régulière à Marmoutier.

Il y vint lui-même avec quelques-uns de ses religieux et y demeura à leur tête pendant un certain temps. Son retour à Cluny ne fut pas de longue durée : bien que parvenu à un grand âge, il quitta la cellule où il trouvait une si douce paix, pour aller, à la demande du roi, réformer l'abbaye de Saint-Denys-en-France, mais arrivé à Souvigné, dans le Bourbonnais, il tomba gravement malade et sachant que sa dernière heure était venue, il mit ses frères désolés sous la protection de Jésus-Christ, souverain pasteur ; puis après avoir prononcé sur eux les paroles de la bénédiction, il rendit sa belle âme à Dieu, le 11 mai 994.

En quittant Marmoutier pour rentrer à Cluny, saint Mayeul avait placé à la tête des religieux qu'il y avait amenés, un homme sage, érudit, animé d'un zèle ardent pour la discipline et la piété, capable d'insuffler dans le monastère le premier esprit de saint Martin et celui de saint Benoit. Il se nommait *Gillebert*. L'avenir justifia ce choix. Ami intime et frère en religion du savant Gerbert, plus tard Sylvestre II, Gillebert eut de fréquents rapports avec les plus grands personnages de l'époque qui recouraient à lui dans les circonstances difficiles. Sous sa conduite, les nouveaux moines de Marmoutier acquirent une réputation de vertu et de sainteté qui leur attira des donations assez considérables. C'est ainsi que Thibault, seigneur de l'Ile-Bouchard, leur donna l'église de Tavant pour y établir un prieuré, et Adalçéron, archevêque de Reims, fonda en leur faveur celui de saint Maurice, dans sa ville archiépiscopale.

Cependant, le gouvernement du pieux abbé Gillebert ne fut pas de longue durée. L'an 991, il avait déjà un successeur du nom de Bernier ; probablement encore un des religieux de Cluny. Ses débuts furent assez heureux ; la piété continuait à croître, et le nombre des moines à grandir. Aussi la Providence se plaisait-elle à augmenter les revenus du monastère grâce aux libéralités des princes, des évêques, et même des particuliers.

Archambault, moine de Saint-Benoît-sur-Loire, ayant été élevé sur le siège archiépiscopal de Tours, fit don à l'abbé Bernier et à ses religieux, des trois églises de Saint-Symphorien, de Saint-Pierre, de Parçay-sur-Vienne, et de

Saint-Sulpice du Louroux. Quelque temps après, Burchard, comte de Paris, donnait à Marmoutier l'abbaye de Saint-Ouen, dans l'île de France, et l'église Sainte-Radegonde, près Tours, qui en dépendait. De cette époque, aussi, date le prieuré de Saint-Côme, que l'on bâtit dans une des îles de la Loire et qui appartint à Marmoutier jusqu'au XII° siècle. D'autres fondations suivirent encore celles-ci.

Cependant, l'abbé Bernier qui, par ses belles qualités, s'était d'abord attiré l'estime des gens de bien, ne tarda pas à en devenir le scandale. Ses religieux ayant eu connaissance de ses fautes, refusèrent de demeurer plus long-temps sous son autorité et le renvoyèrent à Cluny. Abbon, abbé de Fleury-sur-Loire, informé de la vérité, adressa à Bernier une lettre sévère, lui conseillant de se démettre lui-même de sa charge, ce que fit le coupable (1000).

Gausbert, son successeur, joignait à une éminente piété une illustre naissance. Il était en effet parent d'Eudes, comte de Champagne et de Blois, et d'Emma, comtesse d'Aquitaine et de Poitou. Abbé de Saint-Julien de Tours, vers 987, Gausbert gouverna si bien son monastère, que la pieuse comtesse Emma lui confia la direction de deux abbayes qu'elle avait récemment fondées, l'une dans l'île de Mailleray (1), l'autre à Bourgueil. Le zèle et la vigilance qu'il déploya dans cette double administration, engagèrent les moines de Marmoutier à le placer à leur tête; mais retenu souvent par le soin de ses premiers monastères, il ne parut à Marmoutier qu'à de rares intervalles, et mourut à Bourgueil le 15 octobre 1007, laissant la réputation d'un homme aux mœurs antiques, digne de l'éternelle récompense, et dont la mémoire devait rester en bénédiction parmi les hommes.

Durant les longues absences de Gausbert, *Sicbard,* doyen

1. Probablement Maillezais, plus tard évêché du Poitou.

de Marmoutier, exerçait les fonctions abbatiales ; il s'en acquitta avec tant de prudence, qu'il fut choisi pour gouverner ses frères, après la mort de l'abbé Gausbert.

Le nouvel élu sut accroître encore le temporel du monastère, tout en y entretenant la discipline et l'austérité de la vraie vie religieuse. La ferveur des moines était si grande, que le nombre des frères augmentait chaque jour, et tous se distinguaient par une piété spéciale envers le divin Sacrifice de nos autels : Dès la pointe du jour jusqu'à midi et même plus tard, les moines célébraient la sainte messe dans de telles dispositions que les âmes du Purgatoire en étaient grandement soulagées, comme il fut révélé à un solitaire de l'Afrique. « De toute l'Église, dit-il à un voyageur qui était allé le visiter, la maison de Marmoutier a le pouvoir le plus admirable pour délivrer les âmes de la puissance des démons, et il ne se passe pas un seul jour que les messes célébrées continuellement par les religieux de cette abbaye, n'en enlèvent quelques-unes des mains de ces malins esprits (1). »

Touché de ce récit, saint Odilon, abbé de Cluny, érigea une fête solennelle dans le but de soulager les âmes souffrantes, et ordonna qu'elle serait célébrée dans ses monastères le lendemain des fêtes de la Toussaint. Cette pieuse institution, confirmée officiellement par Jean XIX, et adoptée bientôt par l'Église Universelle, est donc, comme on le voit, due à la piété des religieux de Marmoutier.

Ebrard, que nous trouvons en 1005, abbé de Marmoutier, est un des hommes les plus illustres qui aient gouverné le grand monastère. « Il était, dit Dom Martène, bien fait de sa personne, éloquent, grave et religieux ; il semblait que la nature et la grâce eussent conspiré à le doter des qualités

1) Mémoires de Glaber Rodule, cités par Dom Martène.

qui lui gagnèrent le cœur de ses frères et lui acquirent l'estime et la vénération des grands du siècle. »

Cet éloge n'est pas exagéré, comme le prouve le fait suivant : le Seigneur de Châteaurenault, sans tenir compte des remontrances qui lui étaient adressées, exerçait mille violences et déprédations sur les domaines de l'abbaye, lorsque Dieu, pour le punir, lui envoya une cruelle maladie; alors rentrant en lui-même, le comte fit prier le très religieux Ebrard de venir le voir. Le saint abbé lui fit si bien comprendre ses torts, que, de loup furieux devenu agneau docile, le coupable se résolut à réparer promptement toutes ses injustices. Il reçut alors l'absolution et mourut dans de grands sentiments de repentir. On l'enterra honorablement dans l'enceinte du monastère.

Ce fut aussi vers cette époque que Foulques Nerra, comte d'Anjou, fonda l'abbaye de Saint-Nicolas d'Angers, et y appela une colonie de Marmoutier, tandis que l'abbé Ebrard, par sa sagesse, rétablissait le bon ordre dans celles de Saint-Florent de Saumur et de Saint-Julien de Tours. Comme son zèle s'étendait à tout, c'est à lui que l'on doit une ordonnance d'Arnoul, archevêque de Tours, réglant les processions des fêtes de Pâques à Marmoutier, en l'honneur de saint Martin.

Ces processions établies presque aussitôt après la mort du grand Thaumaturge, avaient souffert parfois certains désordres : on avait vu, par exemple, quelques gens de la suite de l'Archevêque, pénétrer par violence dans les lieux réguliers, troubler la paix des religieux et exiger insolemment qu'on leur servît à manger. Le prélat défendit à ses gens d'entrer dans l'abbaye, disant avec raison que dans semblable circonstance, on doit plutôt penser à nourrir son âme d'aliments spirituels que pourvoir son corps d'aliments grossiers, et n'avoir point d'autre vue que d'honorer Dieu en vaquant à des œuvres de piété.

Il n'y eut pas que le saint Abbé de Marmoutier à se distinguer alors par son éminente piété ; il faut citer avec lui, deux religieux, surtout, qui vécurent sous sa houlette, et dont l'un, Frédéric, devint abbé de Saint-Florent de Saumur, et l'autre, Richer, abbé de Saint-Laumer de Blois; tous deux gouvernèrent ensuite successivement l'abbaye du Saint-Julien de Tours.

L'abbé Ebrard mourut en 1032 et eut pour successeur *Albert.*

Depuis le rétablissement de l'observance, le nouvel élu était le huitième abbé ; il ne le céda en rien à son prédécesseur. Sorti d'une noble maison de Touraine, il se fit surtout remarquer par ses grandes vertus qui lui valurent d'être considéré avant et après sa mort, comme un homme d'une éminente sainteté. L'ordre et la piété qu'il fit régner à Marmoutier y attirèrent un si grand nombre de sujets, que jamais l'abbaye ne mérita mieux son titre de Grand-Monastère. On n'y comptait plus les religieux; ils étaient devenus multitude. Aussi Marmoutier se trouva-t-il en état de fournir des recrues aux abbayes nouvellement fondées, et des modèles là où la discipline avait besoin d'être rétablie. Il donna des évêques à nombre d'églises, des abbés à beaucoup d'abbayes, à l'ordre monastique des religieux illustres par leurs qualités, et même par le don des miracles.

Parmi les hommes qui affluaient ainsi au Repos de Saint-Martin, se trouvaient des personnages de haut rang ; méprisant les faux biens du siècle, ils embrassaient joyeusesement la folie de la croix sous la conduite de l'abbé Albert. C'est ainsi que nous y voyons Jean, comte de Laval, Gassillon, comte de Montigny, Aimery de Talmont Eudes de Dangeau, Gausbert de Lavardin, Gautier du Pin et une foule d'autres encore.

La charité du saint abbé était si grande, qu'elle attirait à lui tous les cœurs, et comme on connaissait son amour pour les pauvres, les donations en faveur du monastère se multiplièrent à cette époque d'une manière considérable.

C'est vers ce temps qu'il faut placer la fondation des prieurés de Saint-Pierre de Chemillé au diocèse d'Angers, et de Saint-Martin de Belême, au diocèse de Séez. Mais la fondation la plus célèbre est celle de l'abbaye de la Trinité de Vendôme, due à Geoffroi-Martel.

« Ce prince se trouvant, dit Dom Martène, dans son château de Vendôme, bâti sur la montagne voisine, un dimanche matin qu'il s'entretenait avec Agnès son épouse, à la fenêtre de sa chambre avant le jour, il aperçut une étoile d'une grandeur prodigieuse qui tombait dans une fontaine au milieu des prés. Cet événement les surprit, et comme l'un et l'autre demeuraient stupéfaits, ils virent tomber une seconde étoile, puis une troisième. Le prince et la princesse, descendant à l'instant du château dans l'église Saint-Martin, firent célébrer une messe en l'honneur de la sainte Trinité. Ayant ensuite consulté sur cette vision plusieurs évêques et abbés, tous furent d'avis qu'ils devaient faire bâtir une église en l'honneur de la sainte Trinité, et y mettre une communauté de religieux.

« Geoffroy, suivant leur conseil, fit aussitôt travailler à l'édifice ; à la place même de la fontaine, devait s'élever l'autel, et autour de l'église, des lieux réguliers, propres à recevoir des religieux. On en fit venir d'abord de diverses abbayes, mais parce qu'on ne les trouvait pas assez fidèles à l'obéissance, on en appela d'autres choisis dans le monastère le plus régulier qu'il y eût en France, c'est-à-dire à Marmoutier. » Ils furent au nombre de vingt-cinq. La dédicace de l'église se fit l'année suivante (1040).

Cette époque était vraiment comme l'épanouissement de la vie religieuse. Tandis que l'abbaye de la Trinité s'élevait ainsi à Vendôme, Hubert, évêque d'Angers, un des plus illustres prélats qui aient occupé ce siège, résolut de rétablir celle de Saint-Serge, fondée sous Clovis II, dans un des faubourgs de la ville. Jadis abbé de Saint-Aubin, Hubert avait conservé dans l'épiscopat l'amour de l'état monastique. Il s'adressa, pour avoir des religieux, à Albert, de Marmoutier; celui-ci acquiesça à son désir et lui envoya Wulgrin, prieur de son monastère qui réussit si bien à relever Saint-Serge, qu'ayant été fait évêque du Mans quelques années après, il laissa dans l'abbaye soixante-dix religieux, parfaits observateurs de leurs règles, qui devinrent, par leur piété, l'exemple de la ville d'Angers. Un autre religieux de Marmoutier, Sigo, devenait abbé de Saint-Florent de Saumur, et laissait la réputation d'un des plus grands hommes de son siècle.

Sur ces entrefaites, arriva un événement qui jeta le deuil parmi les moines de Marmoutier. Ce fut la mort d'Eudes, comte de Champagne, qui s'était toujours montré leur insigne bienfaiteur. Ce prince fut tué dans une guerre qu'il soutenait contre le roi de Bourgogne; son corps ayant été reconnu sur le champ de bataille, la princesse Ermengarde, sa veuve, le fit transporter à Tours, où on l'enterra à Marmoutier près du comte son père.

Cette fin tragique frappa si vivement Hervé, vicomte de Blois, qu'ouvrant les yeux sur l'inconstance de la fortune et l'inanité de l'ambition mondaine, il alla demander l'habit religieux dans le même monastère et devint un des membres les plus remarquables de cette illustre communauté.

Un jeune seigneur, du diocèse de Chartres, du nom de Rathier, suivit son exemple, et fit au monastère en y entrant, des donations importantes. Il mourut jeune encore, et d'une manière si sainte, qu'il y a lieu de croire que Dieu lui donna de suite la récompense promise à ceux qui quittent tout pour le suivre.

Il n'était pas non plus extraordinaire, en ce temps-là de

voir des pères et des mères amener eux-mêmes leurs jeunes enfants dans les monastères, où le plus souvent, ceux-ci se donnaient au Seigneur. Nous en avons un exemple en Germain de Morenne, noble seigneur qui, après la mort de sa femme, vint présenter à Dieu et à saint Martin, ses deux enfants, accompagnant cette offrande d'une donation assez considérable en biens fonds.

L'an 1044 fut fatal au comte Thibaud de Champagne qui avait succédé à Eudes son père, et s'était montré comme lui, l'ami et le bienfaiteur de Marmoutier. A la suite d'une brouille avec Geoffroy Martel comte d'Anjou, ce dernier vint assiéger Tours. La ville se défendit pendant un an, mais dans un combat qui se livra non loin de ses murs, Thibaud fut fait prisonnier.

La chronique de Tours attribue la victoire du comte d'Anjou à la protection de saint Martin, dont Geoffroy portait l'étendard. A la vue de ce signe sacré, ses adversaires s'enfuirent épouvantés, s'imaginant voir des hommes vêtus de blanc parmi les troupes du comte d'Anjou.

Qoiqu'il en soit, Thibaud vaincu et prisonnier, fut obligé de céder la ville de Tours pour sa rançon ; mais il stipula la condition que Marmoutier lui resterait, tant il affectionnait ce monastère.

Si grand, du reste était l'éclat dont resplendissait alors l'abbaye, que dans une réunion qui eut lieu à Saint-Denys, en présence du Roi, à l'occasion de l'ouverture de la châsse de cet illustre martyr, Albert tint le premier rang parmi les abbés, immédiatement après celui de Saint-Denys, lui-même, qui, dans son propre monastère ne devait céder le pas à personne. Du reste, l'opinion générale des peuples comptait Marmoutier au nombre des lieux les plus saints, Nous en avons une preuve dans la légende suivante :

Un homme de la ville de Narni, en Italie, rapporta qu'il avait vu une multitude immense de personnages vêtus de blanc, passer près des murs de la ville et se diriger vers l'Orient, cela dura tout le jour, et les habitants effrayés n'osaient sortir des murs. Vers le soir, le nombre des étrangers diminua et le narrateur de cette histoire se hasarda à reconnaître quelqu'un d'entre eux. Il reconnut, en effet, un de ses amis mort depuis peu, et le questionna; voici la réponse qu'il reçut : « Quoique tu sois indigne de pénétrer les secrets divins, sache cependant que nous sommes des âmes pécheresses, encore indignes de jouir de la félicité du royaume céleste; notre pénitence consiste à parcourir continuellement les lieux saints, et maintenant nous venons du Grand-Monastère de saint-Martin, et nous nous rendons au couvent de la Bienheureuse Marie, mère de Dieu à Tarfa (1). »

Vers ce temps là le pape Léon IX qui occupait la chaire de Saint-Pierre, ayant lancé l'excommunication contre les laïques, possesseurs de biens appartenant à l'Église, beaucoup se désistèrent de leurs prétentions et cette soumission donna lieu à la fondation d'un grand nombre de prieurés, particulièrement en Bretagne. De là vint, pour ne citer que les plus connus, l'érection des prieurés de Chantoceaux, du Pèllerin, au diocèse de Nantes; de Saint-Sauveur des Landes, au diocèse de Rennes; de Soyal et du Sentier, en Touraine; des îles de Guenère (Guernesey) au diocèse de Coutances; de la Roche-sur-Yon, de l'île d'Oye (Yeu), au diocèse de Maillezais; de Saint-Gilles de Mantes; de Montjean au diocèse d'Angers, de Saint-Martin de Laval, de Mayenne, de Dangeau, tous placés sous la dépendance de l'abbaye de Marmoutier. D'autres furent le fruit de libéralités volontaires, comme celle du duc Guillaume de Normandie et de la duchesse Mathilde, qui bâtirent à leurs frais, un dortoir et un immense réfectoire à Marmoutier,

(1 Légende rapportée par M. Ch. des Moulins.

en même temps qu'ils dotèrent son église de riches présents. Ainsi, les descendants de ces fameux Normands qui,
deux siècles auparavant, avaient réduit en cendres l'abbaye
de Marmoutier et massacré ses religieux, furent alors sus-
cités par la Providence pour réparer ce crime en travaillant
eux-mêmes à sa prospérité et à sa grandeur !

Nous avons dit que l'abbé Albert, par l'irrésistible attrait
que produisait sa haute sagesse et sa bonté, s'était concilié
l'estime et l'affection même d'un grand nombre de hauts
personnages. Il était particulièrement lié d'une étroite
amitié avec Agebert, évêque de Chartres, qui l'autorisa à
bâtir une église à Orchaise, en faveur de ses religieux. Il
leur octroya une prébende dans son église cathédrale. Les
moines de Marmoutier, de leur côté, lui accordèrent à lui
et à tout son Chapitre, la participation à leurs prières et à
leurs bonnes œuvres, et voulurent inscrire son nom ainsi que
celui de ses successeurs dans leur nécrologie, afin qu'on
priât encore pour eux après leur mort.

L'illustre abbé Albert parvint à une extrême vieillesse.
Doux et aimable envers tout le monde, très charitable pour
les pauvres, modèle accompli de sainteté, sa réputation
s'était répandue jusque dans les lieux les plus éloignés. Il
mourut le 20 mai 1064, et reçut la sépulture dans son
église abbatiale.

Il laissait à Marmoutier de saintes coutumes, qui continuèrent à être observées après lui et furent ensuite empruntées par d'autres monastères, comme la convocation
des chapitres généraux, la visite des prieurés, toutes
tendant à empêcher les abus et à assurer l'observance de
la règle.

CHAPITRE II

Dans la crainte qu'après sa mort, des laïques influents ne se mêlassent de l'élection de son successeur, Albert, par un dernier trait de haute prudence, avait fait élire de son vivant, celui qui devait le remplacer sur le siège abbatial. Il se nommait *Barthelemy* et n'était encore que diacre, circonstance qui marque le mérite de l'élu, puisque, malgré sa jeunesse, il fut jugé digne d'être élevé à une si haute dignité.

Pourtant, cette sage mesure ne réussit pas aussi bien que l'avait espéré le vénéré défunt. Geoffroy le Barbu successeur de Geoffroy Martel, son oncle, dans les comtés d'Anjou et de Touraine, voulut s'assujettir l'abbaye de Marmoutier et obliger le nouveau titulaire, qu'il savait faire profession d'humilité, à recevoir de sa main l'investiture et le bâton pastoral. Mais il ignorait que l'humilité n'est pas la bassesse et qu'elle inspire au contraire une noble grandeur d'âme à ceux qui la possèdent. Barthelemy vint trouver le prince, et lui remontra en termes forts et respectueux, que Dieu l'ayant élevé à la dignité d'Abbé de Marmoutier, il se croyait absolument obligé d'en soutenir les droits et privilèges, qu'il n'accepterait jamais le joug qu'on prétendait lui imposer, attendu que pour le temporel, l'abbaye ne relevait que du roi de France, et pour le spirituel, du pape lui-même.

Ce discours aurait dû convaincre le comte, mais trop brutal et trop violent pour se rendre à ces justes remontrances, il se saisit de tous les revenus du monastère, maltraita les religieux, et ruina l'abbaye.

Barthelemy n'opposa à tous ces outrages que ses prières

et celles de ses frères, et afin de fléchir plus efficacement la colère du ciel qui devait bientôt éclater sur ce malheureux prince, il ordonna une procession au tombeau de saint Martin, où les moines se rendirent pieds nus. Mais Dieu, voulant épurer la vertu de son serviteur, la persécution continua. Saint Hugues, abbé de Cluny, était en grand honneur et vénération auprès des papes et des rois eux-mêmes; Barthelemy, après lui avoir demandé le secours de ses prières, le supplia de venir à Tours pour le consoler. Saint Hugues accéda volontiers à cette requête, et tous deux allèrent trouver le comte Geoffroy pour le prier de faire cesser enfin cette guerre si cruelle. Ils épuisèrent leur éloquence en pure perte; saint Hugues, qui pour tenter un dernier effort, était allé jusqu'à se prosterner à deux genoux devant le farouche seigneur, ne parvint pas à dompter son orgueil. Se relevant alors et changeant de ton, il saisit le manteau du comte et le déchira en répétant ces paroles menaçantes du prophète : *Divisum est regnum tuum.* « Votre puissance va être détruite, » et il se retira.

Barthelemy accompagna son saint ami à Cluny et porta ses plaintes au cardinal Etienne, légat du Saint-Siège en France. Celui-ci excommunia le comte d'Anjou à cause des excès qu'il avait commis contre les religieux de Marmoutier. Les voies de la douceur avaient été inutiles, celles-ci réussirent mieux. L'excommunication fut pour Geoffroy un coup de foudre; il rentra en lui-même, cessa de persécuter le monastère et lui fit même quelque bien, ce qui n'empêcha pas les terribles effets de la prédiction de saint Hugues de se réaliser. Un peu plus tard, en effet, Foulques Rechin, frère de Geoffroy, lui ayant déclaré la guerre, s'empara de ses Etats et de sa personne, le garda pendant trente ans dans une étroite prison où son esprit s'affaiblit, et où la tradition rapporte qu'il finit misérablement.

Cependant, l'abbé Barthelemy, revint vers les siens, et fut reçu avec une grande joie. Il se mit aussitôt à l'œuvre pour réparer les ruines que le comte Geoffroy avait causées, et jeta les fondements de la superbe basilique que le pape Urbain II devait consacrer plus tard. Mais son principal soin fut de travailler à l'édifice spirituel, et il eut la consolation de pouvoir l'enrichir d'un grand nombre d'âmes saintes, véritables pierres vivantes taillées sur le modèle de Jésus-Christ.

On vit alors, en effet, comme sous son prédécesseur, une multitude d'hommes de tout âge et de toute condition, accourir à Marmoutier, pour s'y sanctifier par les exercices de la vie religieuse. Le monastère recommença à fournir des pasteurs aux plus importantes églises du royaume.

« La noblesse d'alors, dit M. de Montalembert, peuplait les monastères de ses enfants les plus illustres et les plus vaillants. Il ne suffisait pas à ces généreux chevaliers, de se dépouiller de leurs biens pour l'amour du Christ, c'était surtout de leurs personnes, de leur liberté, de leur orgueil, de leur vie tout entière qu'ils aspiraient à faire une offrande au Dieu des armées... Et après avoir occupé les premières places dans les parlements, à la cour des rois, sur les champs de bataille, ils ne voulaient pas être les derniers dans les combats de la pénitence et de la piété... Ils se dévouaient aux plus durs métiers, non par mélancolie ou par dégoût de la vie, mais comme ils le proclamaient hautement, pour gagner le ciel sur la terre (1). »

On comptait, parmi ces hommes appartenant aux plus hautes familles du royaume, un Adhelme de Ponthieu, un Baudoin de Flandre, un Ebrard de Breteil, un Salomon de Sablé, un Fulcrad de Langeais, un Hervé de Vitré, un Fulbert de Lavardin, qui prirent à Marmoutier l'habit de saint

1) Montalembert. *Les Moines d'Occident.*

Benoit et formèrent une véritable chevalerie du Très-Haut.

Ces divers personnages, en s'incorporant à une grande famille religieuse, lui apportèrent de magnifiques dotations, de telle sorte que Dieu qui avait voulu, tout d'abord, éprouver la vertu du saint abbé Barthelemy par les persécutions de Geoffroy le Barbu, le consola et le dédommagea ensuite en lui envoyant de quoi réparer les pertes que son monastère avait subies par suite des vexations du comte.

De là naquirent un grand nombre de nouvelles fondations qui, loin d'être sollicitées par les religieux, ne furent acceptées par eux que par une sorte de contrainte, pour ne point désobliger ceux qui regardaient comme une grâce de posséder au milieu d'eux quelques moines de Marmoutier afin de s'édifier par leurs exemples et de participer à leurs prières. C'est alors que vinrent se grouper autour de la grande abbaye, les prieurés de Sablé, de Rillé, de Gisors, de Combourg, de Fougères, de Sainte-Croix de Vitré, de Rivière, de Semblançay, de Sonzay, de Saint-Palais, de la Celle, de Mortain, de Donges, etc...

Mais le moment était venu où Marmoutier devait exercer plus loin encore son influence. Guillaume, duc de Normandie, qui en avait toujours été le bienfaiteur insigne, venait de partir à la conquête de l'Angleterre. Avant de livrer bataille, il fit vœu de bâtir un monastère, si Dieu le rendait victorieux de son ennemi, et il tint à exécuter immédiatement son vœu. Sur l'emplacement même du champ de bataille, il fit construire une abbaye qu'il consacra à saint Martin, et qui prit dès lors le nom de « Saint-Martin de la Bataille ». De plus, il voulut qu'elle fût desservie par des religieux de Marmoutier (1066). La munificence royale permit à cette nouvelle fondation d'acquérir bientôt un grand développement et ce fut de là que sortirent les hommes de piété et de talent qui gouvernèrent les plus illustres monastères de l'île.

Les donations arrivèrent à l'abbé Barthelemy jusque dans les dernières années de sa vie. Citons ici, en particulier, celle de l'église Saint-Venant (1), celle de Saint-Solenne et de Fondettes, aux environs de Tours, dues à la munificence d'Hardouin, seigneur de Maillé (2).

La tradition donne au pieux abbé Barthelemy le titre de bienheureux, titre qu'il mérita non-seulement par la sainteté de sa vie, mais encore par les nombreux miracles qu'il accomplit, même de son vivant, et dont il nous reste à parler.

C'était près de Combourg, en Bretagne, le charitable abbé faisait la visite de ses prieurés. Un seigneur de l'endroit, averti de sa présence, vient le trouver et le supplie de se rendre dans sa maison où ses deux fils étaient dangereusement malades. Le serviteur de Dieu accède à cette requête et se contente de tracer sur les enfants endormis le signe de la croix. A leur réveil, ils étaient en parfaite santé. — Ici c'est un lépreux qu'il guérit en l'embrassant; ailleurs, comme jadis aux noces de Cana, c'est l'eau qu'il change en vin. — Nous avons rapporté plus haut qu'une des grandes dévotions des moines de Marmoutier était la prière pour les âmes du Purgatoire. Il se rencontra pourtant parmi les frères quelques négligents.

Or, l'abbé étant un jour en prière, vit apparaître devant lui deux religieux décédés depuis qu'il était en charge : ils commencèrent par louer son assiduité à l'oraison, mais l'avertirent que quelques membres de sa communauté négligeaient les suffrages dont ils avaient pris l'engagement de

(1) Aujourd'hui Luynes.
(2) Ancêtre de la Bienheureuse Jeanne de Maillé dont le culte a, de nos jours, été autorisé par le pape Pie IX.

s'acquitter en faveur des morts; qu'il eût, par conséquent
à les reprendre en particulier de leur infidélité, et à leur
faire savoir, de la part de Dieu, que ceux qui auraient omis
de réciter les prières prescrites pour les défunts, lorsqu'ils
viendraient eux-mêmes à mourir, verraient les suffrages
qu'on offrirait à leur intention, appliqués à ceux pour lesquels ils auraient dû prier.

C'était la coutume que lorsqu'un religieux approchait de
sa mort, tous les frères, quittant leurs occupations, vinssent
dans la chambre du malade pour y faire la recommandation
de l'âme, et récitassent le symbole des Apôtres au nom du
moribond, pour suppléer à son impuissance et témoigner
ainsi de la foi dans laquelle il avait vécu et dans laquelle
il entendait mourir. Un jour que l'un d'entre eux se trouvait
à toute extrémité, l'infirmier aperçut près de lui un ange qui
attendait que l'âme du malade se séparât de son corps, pour
la conduire au ciel, et du côté opposé, le démon qui s'ef-
forçait de nuire encore à celui qui allait mourir. Le bon
frère expira, et son âme apparut ensuite sous la forme d'un
petit enfant qui semblait saisi de crainte à la vue du malin
esprit, mais au même instant, la communauté entra, récitant le *Credo* ; aussitôt, le démon s'enfuit, et l'ange emmena
au ciel l'âme du défunt, faisant connaître ainsi la puissance
du symbole chrétien.

— En relatant les faits les plus importants qui s'accomplirent tandis que Barthelemy gouvernait Marmoutier, nous
devons mentionner la pénitence de l'hérésiarque Bérenger,
revenu de ses erreurs. Selon la version la plus connue, il se
renferma volontairement dans le prieuré de Saint-Cosme,
près Tours, dépendance de Marmoutier, où il prit, dit-on
l'habit de saint Benoît, et y mourut réconcilié avec
l'Eglise.

Il y avait vingt ans que l'abbé Barthelemy était à la tête
de son monastère, lorsque Dieu l'appela à un monde meil-

leur. Il ne fut pas seulement un des plus saints abbés de son temps, mais il passe à bon droit pour l'un des plus illustres de l'époque. Sa grandeur d'âme le mit sans cesse au-dessus des événements les plus fâcheux. Il triompha de tout par sa patience, sa fermeté et ses prières. S'il soutint énergiquement les intérêts de son monastère, ce ne fut point par un amour déréglé des biens de ce monde, mais par un esprit de justice, car jamais personne ne fut plus détaché que lui. Il n'aspirait qu'au ciel et employait la plus grande partie de ses journées et de ses nuits aux exercices de la contemplation. Il mourut le 24 février 1084, et fut inhumé dans l'église abbatiale ; plus tard, ses ossements furent recueillis et placés dans une châsse pour être exposés dans la nouvelle église.

CHAPITRE III

A partir de cette époque si florissante pour l'abbaye, on peut dire que l'histoire de Marmoutier s'identifie complétement avec la vie de ses abbés eux-mêmes. Aussi notre tâche se résume-t-elle pour ainsi dire à relater les grandes actions de chacun d'eux, avec les faits les plus importants dont ils furent les instigateurs ou les témoins.

Le bienheureux Barthélemy eut un digne successeur dans *Bernard de Saint-Venant*, qui monta en 1084 sur le siège abbatial. Comme lui, il s'attira l'estime et la vénération des princes et des rois, et en reçut de nombreuses marques de bienveillance ; les peuples purent contempler en sa personne les qualités d'un homme éminent en sainteté, et ses frères, qui le connaissaient déjà, ne jugèrent aucun autre plus digne d'occuper la place de celui que la mort venait de leur ravir.

Il reçut la bénédiction des mains de Raoul de Langeais, archevêque de Tours, et sans faire réflexion sur les priviléges formels de son monastère, il lui promit obéissance, coutume que les évêques de l'époque cherchaient à introduire, et qui devint pour les abbayes une cause de grands troubles. Mais sa manière d'agir avait singulièrement plu à l'Archevêque qui, cette année même vint à Marmoutier et lui donna l'église de Saint-Quentin, dans son diocèse, avec confirmation de tout ce qu'avaient accordé ses prédécesseurs.

En se voyant à la tête d'un monastère aussi considérable, Bernard s'occupa aussitôt d'en tirer tout le bien possible. Il entreprit d'abord la visite de ses prieurés de Bretagne, et fonda, au passage, celui de Saint-Martin de Lamballe, dû à la piété du comte Geoffroy de Bretagne. Beaucoup d'autres seigneurs et plusieurs évêques même, se distinguèrent à cette époque par leur munificence envers le monastère. On vit paraître alors les prieurés de Notre-Dame des Champs, à Paris, où l'on prit la coutume de porter le corps des rois de France, avant de les ensevelir dans la basilique de Saint-Denys; celui de Pierrefonds, au diocèse de Soissons; de Saint-Martin des Champs, près de Bourges; ceux de Pouassée, de Beauvoir, de Morée, de Fréteval, pour ne parler que des principaux. Un certain nombre aussi furent fondés dans le Nord de la France, et c'est ce qui explique que tant d'églises se trouvent, actuellement encore, dans cette région, placées sous le vocable de saint Martin. Ce fut aussi par dévotion pour ce grand saint, et en souvenir de ses rapports avec saint Hilaire, qui avait été son maître, que les chanoines de Saint-Hilaire de Poitiers, concédèrent aux moines de Marmoutier un canonicat dans leur église.

Nous ne pouvons ici passer sous silence le long et regrettable conflit qui s'éleva entre Marmoutier et les Archevêques de Tours, au sujet des stations de Pâques.

En dépit d'ordonnances épiscopales plusieurs fois renouvelées, les abus mentionnés déjà en de tels pèlerinages, ne cessaient de grandir : dans cette extrémité, Bernard, de concert avec ses frères, et après avoir porté plainte à l'Archevêque, se décida à supprimer la station. Mais Raoul de Langeais, bien loin d'entrer dans ce sentiment, prétendit s'assujettir les religieux de Marmoutier et sur leur résistance, il lança contre eux une sentence d'excommunication.

Ce fut le signal de vexations sans nombre. L'abbé Bernard s'adressa alors au légat du Saint-Siège, Amat, archevêque de Bordeaux qui déclara nulle la sentence et se constitua le protecteur de l'abbaye. Sur ces entrefaites, l'Archevêque mourut. Il eut pour successeur Raoul d'Orléans ; mais loin de mettre un terme à cette situation pénible, cette nomination ne fit que l'aggraver encore.

Si le nouvel Archevêque feignit un instant de se réconcilier avec les moines en renonçant aux prétentions de son prédécesseur, ce ne fut que pour les reprendre bientôt avec plus de violence. Le pape Urbain II informé de cette conduite, lui fit alors savoir qu'il ne devait pas attendre de lui le pallium s'il ne faisait la paix avec les religieux de Marmoutier. Le Souverain Pontife déclarait en même temps, dans une bulle datée du mois d'avril 1090, prendre lui-même le monastère sous sa protection, défendait toute station dans l'église, ordonnait à l'Archevêque de Tours de donner la bénédiction aux abbés sans exiger aucune promesse d'obéissance, et déclarait à nouveau l'abbaye exempte de toute juridiction et soumise seulement au Siège apostolique.

A peine le prélat eut-il reçu le pallium que les vexations, un instant interrompues, recommencèrent. Condamné au concile de Brioude, puis à celui d'Autun, présidé par l'Archevêque de Lyon, légat du pape, Raoul fit des promesses qu'il ne tint pas. Las de tant de contestations, les religieux se décidèrent à avoir recours au pape lui-même, qui se trouvait alors à Clermont pour la publication de la première croisade. L'abbé Bernard et l'Archevêque se rendirent avec ceux de leur parti. Le pape les écouta l'un et l'autre; puis irrité de la conduite de Raoul et se faisant présenter la bulle donnée cinq ans auparavant en faveur de l'abbaye, Urbain II la fit lire en plein concile, et confirma solennellement tout ce qu'elle portait. Ainsi se termina ce triste différend qui avait duré plus de dix années.

Pour ajouter à ses faveurs, le pape, après la clôture du concile, voulut honorer l'abbaye de sa présence. Pendant huit jours, il y logea avec toute sa cour. Très édifié de la régularité des religieux, il prenait plaisir à converser avec eux et assistait à leur chapitre.

Justement, à cette époque, la nouvelle église, commencée selon toute apparence par l'abbé Barthelemy, venait d'être achevée. Les moines n'osaient prier le pape de vouloir bien en faire la dédicace, à cause des fatigues de la cérémonie, mais Amat, archevêque de Bordeaux, présenta leur requête, et le pape consentit à leur donner ce nouveau témoignage de sa bonté.

« Le jour qui devait précéder la dédicace, dit Dom Martène, Urbain, après avoir célébré les divins mystères, en présence d'un grand nombre d'archevêques, d'évêques, de cardinaux et d'une foule de peuple qui était accourue de toutes parts pour le voir, s'avança jusque sur le bord de la Loire. Là il monta en chaire, et dans son discours il commença par faire l'éloge des religieux de Marmoutier, condamna à nouveau les vexations qu'on leur avait fait subir, les prit sous sa protection, les recommanda à tout son auditoire, et fulmina l'anathème contre tous ceux qui, à l'avenir, les troubleraient ou leur feraient quelque mal. Après le sermon, le pape se rendit au réfectoire et voulut y

manger avec les frères. Ce même jour, un évêque consacra
la chapelle des infirmes, et le lendemain seulement eut lieu
l'imposante cérémonie. Le Souverain Pontife, assisté des
Archevêques de Tours, de Lyon et de Reggio, fit la dédicace de l'église avec toute la solennité possible.

Il plaça dans le grand autel, trois petites parcelles
d'une hostie consacrée, une portion du bois de la Vraie-
Croix, des vêtements de la sainte Vierge, des cheveux de
saint Pierre, des habits de saint Jean l'Évangéliste et,
enfin des reliques d'un grand nombre de saints martyrs,
tels que saint Etienne, saint Maurice, saint Cyprien, saint
Saturnin, SS. Nérée et Achillée, saint Pancrace, etc., des
saints confesseurs Maurille, Avit, Sulpice, Didier, Gon-
dulfe, et des saintes Vierges Anatolie et Praxède. L'autel
majeur, dont le devant était formé par une table d'or, et
l'église, furent consacrés en l'honneur de la sainte Croix,
de la sainte Vierge, des apôtres saint Pierre et saint Paul,
et de saint Martin. La nouvelle église, comme c'était l'u-
sage, fut ensuite dotée par Foulques, comte d'Anjou,
Hugues, seigneur d'Amboise et Robert des Roches. Plusieurs seigneurs profitèrent de cette circonstance mémorable pour prendre la croix des mains du saint Pontife.
C'était le 10 mars 1095.

De là, le pape se rendit à Tours, où il célébra un concile
dans l'église de saint Martin dont il confirma les priviléges,
ainsi que les décrets du concile de Clermont.

Honorée de la visite et des bénédictions du chef de l'E-
glise en personne, l'abbaye eut encore à cette époque, la
joie de compter parmi les évêques et les grands, des amis
et d'illustres protecteurs, entre autres Yves de Chartres,
l'un des plus célèbres et des plus saints prélats de ce temps.

Afin de donner aux moines un témoignage de sa haute
estime, il les attira dans son diocèse en leur faisant plusieurs
donations. On vit encore, d'une part, des Evêques et des

abbés, quitter volontairement le rang illustre qu'ils occupaient dans l'Eglise pour obtenir une petite place dans le monastère de Saint-Martin ; de l'autre, des serfs et des hommes libres, désireux de jouir de la liberté des enfants de Dieu, venir spontanément se consacrer au Seigneur par l'entremise du pieux Bernard. En même temps, des religieux de Marmoutier, recommandables par leur savoir et leur piété, étaient appelés au dehors pour être placés à la tête d'autres abbayes, telles que Saint-Martin de Tulle, Saint-Remy de Reims, Saint-Pierre de Chartres ; l'un d'eux, Rangerius, devint même cardinal et archevêque de Reggio.

Ce fut au milieu de ces consolations que mourut le saint Abbé. Une exactitude incomparable à faire observer les règles, une sollicitude paternelle pour ses frères, une douceur et une modestie charmantes, un amour sincère de la retraite et du silence, une patience à toute épreuve, telles étaient les qualités réunies en Bernard de Saint-Venant, et qui l'avaient rendu digne de commander aux autres. Il rendit le dernier soupir le 7 avril 1100.

La douleur de ses fils s'accrut encore de l'embarras où ils étaient de lui donner un successeur ; non pas qu'il n'y eût parmi eux plusieurs excellents sujets capables de les gouverner, mais parce qu'ils prévoyaient que son élection leur attirerait sans doute de nouvelles difficultés avec l'Archevêque.

Pour sortir d'embarras, ils résolurent d'élire l'abbé Hilgodus, ancien évêque de Soissons, qui était venu prendre place dans leurs rangs, jugeant que, d'une part, sa naissance illustre, sa longue expérience, son esprit vif et pénétrant et son éminente vertu le rendaient très digne d'être placé à leur tête, et que d'autre part, étant déjà évêque, il n'aurait pas besoin d'une nouvelle bénédiction. Il fut donc élu d'un commun consentement.

Mais l'Archevêque prétendit que son caractère épiscopal ne le dispensait pas de recevoir la bénédiction des abbés. Il fallut encore une fois en référer au pape, que les ennemis du nouveau titulaire prévinrent, en le calomniant. Mais Dieu lui suscita un défenseur dans la personne du grand Yves de Chartres, qui fit au Souverain Pontife l'apologie complète d'Hilgodus. Pascal II, informé de la situation, approuva le choix des religieux, et confirma tous les privilèges accordés à l'abbaye par Urbain II, son prédécesseur.

Malheureusement, le gouvernement du nouvel abbé fut trop court pour réaliser pleinement les espérances qu'il avait fait concevoir. D'une humilité profonde, Hilgodus avait fait jadis à ceux qui lui conseillaient de demeurer sur son siège épiscopal, cette belle réponse : « J'aime beaucoup mieux me sauver dans un lieu humble que de me perdre pour une éternité dans un lieu élevé. » — Il conserva cette humilité toute sa vie, et y joignit une grandeur d'âme qui l'éleva au-dessus des difficultés dont sa route fut semée ; mais il sut toujours abaisser les orgueilleux et pardonner aux humbles.

Une des plus belles conquêtes de son éloquence et de sa vertu, fut celle de Gervin évêque d'Amiens ; prélat qui après avoir mené d'abord une vie mondaine et légère en qualité d'abbé de Saint-Riquier puis comme évêque d'Amiens, fut si touché des exemples qu'il rencontra à Marmoutier, et surtout des exhortations du pieux abbé Hilgodus, qu'il abandonna bientôt après son évêché, et vint faire pénitence de ses fautes sous sa direction. Il y consomma son sacrifice en quelques mois et fit une heureuse fin. Hilgodus l'avait précédé depuis un an dans la tombe (2 août 1104).

CHAPITRE IV

Guillaume de Combourg, jadis archidiacre de Nantes, et devenu ensuite simple moine sous la direction de l'abbé Hilgodus, profita si bien des leçons de son maitre, qu'après la mort de ce dernier tout le monde le jugea digne de lui succéder. Mais il ne fut pas plus tôt élu qu'il se trouva dans le même embarras que son prédécesseur au sujet de la bénédiction abbatiale, l'archevêque Raoul refusant de la lui donner s'il ne lui promettait obéissance. Par amour de la paix Guillaume était sur le point de céder; mais les religieux, forts de leurs privilèges et craignant les conséquences de cet acte, supplièrent leur Abbé de se rendre à Rome, où il reçut la bénédiction du pape Pascal II.

L'archevêque, mécontent de cet acte, s'efforça de décrier Guillaume, mais en vain; le nouvel Abbé trouva lui aussi un défenseur et un apologiste dans le savant Yves de Chartres; il eut de plus la consolation de voir plusieurs évêques témoigner par des donations de leur estime pour l'abbaye, et bon nombre de seigneurs quitter leurs châteaux pour vivre humblement sous l'habit religieux : Alexandre de Rochecorbon, Robert de Semblançay, Geoffroy de Cholet, Pierre de Montjean, et d'autres.

Cette même année, le célèbre Bohémond, prince d'Antioche, ayant fait un voyage en France, vint à Marmoutier tout exprès pour se recommander aux prières des moines et leur demander la participation à leurs bonnes œuvres, tant pour lui que pour les autres chrétiens qui guerroyaient en Terre-Sainte. Nous verrons plus tard le comte Foulques d'Anjou imiter ce pieux exemple.

Au mois de mai, Pascal II traversait la France; l'abbé Guillaume qui assistait au concile de Poitiers, crut de son devoir d'aller au devant du Souverain Pontife, et l'accompagna jusqu'à Tours où le pape officia solennellement dans l'église de Saint-Martin. Probablement il visita Marmoutier en cette circonstance, mais nous n'avons aucune certitude sur ce point.

L'union qui avait toujours existé entre l'abbaye de Marmoutier et l'église de Saint-Martin de Tours, se resserra d'une manière plus étroite encore. Il fut convenu qu'au jour de la subvention du saint thaumaturge, c'est-à-dire le 12 mai de chaque année, les moines viendraient en procession à Tours, qu'à la mort d'un chanoine ou d'un religieux, les deux communautés célébreraient un service solennel, que les chanoines assisteraient en corps aux obsèques des abbés, enfin qu'il y aurait entre les deux congrégations participation de prières et de mérites.

L'an 1119 fut marquée par la fin prématurée du pape Gélase II, successeur de Pascal II. Trois jours après sa mort qui eut lieu à Cluny, Guy, archevêque de Vienne, homme de science, de piété et de mérite, fut élu sur les lieux mêmes Souverain Pontife. Il ne donna consentement à son élection qu'après qu'elle eut été confirmée par les cardinaux de Rome. Il prit alors le nom de Callixte II. La même année, il vint à Tours et voulut, à l'exemple d'Urbain II, honorer l'abbaye de Marmoutier en y séjournant quelque temps.

Cependant Dieu avait retiré du monde l'archevêque Raoul, et le conflit qui avait existé entre lui et Marmoutier put être terminé à l'amiable avec Gilbert, son neveu et son successeur. On convint pour l'avenir que l'archevêque bénirait les nouveaux abbés sans aucun engagement écrit, et que, de son côté, l'élu promettrait verbalement obéissance au prélat, sauf l'obéissance au pape. Pour témoigner de sa sincérité, Guillaume consentit aussitôt à prêter obéissance au nouvel Archevêque de la manière convenue.

La vie du pieux Abbé avait été dignement remplie, et Dieu se disposait à rappeler à lui son fidèle serviteur. Il fut atteint d'une fièvre à laquelle il ne tarda pas à succomber (23 mai 1124.)

Outre les grandes œuvres dont nous avons parlé, il accrut encore l'importance de son monastère, y fit construire plusieurs édifices utiles, l'entoura de murailles ,et augmenta le nombre des prieurés dépendant de l'abbaye : tels furent ceux de Négron en Touraine, de Josselin, de Malestroit, de Sainte-Croix de Nantes et de l'île Tristan, en Bretagne; de Notre-Dame de Mayenne, de Dampierre de Rillé, de Troo,.et de Saint-Laurent en Gâtine, dans les diocèses limitrophes de Tours.

Eudes, que l'on nomme encore Odon, succéda à Guillaume de Combourg dans le gouvernement de Marmoutier (1125). La chronique rapporte qu'il ne le cédait point en mérite à ceux qui l'avaient précédé. Ce fut sous son administration que l'abbaye acquit le prieuré de Saint-Martin au Val, près Chartres, qui était tombé au XI⁰ siècle, aux mains de chanoines peu exemplaires. C'est pour remédier à ces désordres que Thibaud, comte de Chartres, à la sollicitation de sa mère, la pieuse comtesse Adèle, en écrivit au pape Honorius, puis à Geoffroy, évêque de Chartres, le priant de confier cette église aux moines de Marmoutier. Il fut obéi,et une colonie vint prendre possession du prieuré au nom de l'abbé Eudes (1).

A quelque temps de là, Foulques, comte d'Anjou, ayant

(1) Les Bénédictins possédèrent longtemps ce célèbre prieuré. Après eux, il passa aux mains des PP. Capucins, qui l'occupaient encore à la Révolution. Les évêques de Chartres avaient continué à en faire le lieu de leur sépulture, et il fut souvent un lieu de retraite, où ils venaient passer en prières la veille de leur sacre ou de leur entrée dans la ville épiscopale. Depuis le rétablissement du culte, ce couvent a été transformé en hospice et son nom de Saint-Martin en celui de Saint-Brice, qu'il porte aujourd'hui.

formé le projet de partir pour la Terre-Sainte, vint prendre la croix à Tours des mains de l'archevêque Hildebert, le jour de la Pentecôte. Une tradition ajoute qu'après la messe, il fut témoin d'un spectacle extraordinaire qui réchauffa encore sa foi et stimula son ardeur.

S'entretenant près d'une fenêtre avec deux prêtres qui devaient l'accompagner dans son voyage, et jetant par hasard les yeux vers l'abbaye de Marmoutier, qu'on distinguait au loin, il aperçut une grande flamme au-dessus du monastère et s'imaginant aussitôt que tout y était en feu. » « Regardez, s'écria-t-il, voilà l'abbaye de Marmoutier perdue, ne voyez-vous pas comme le feu gagne partout ? » — Appelant alors l'un de ses gardes, il lui commanda de monter promptement à cheval et d'aller vérifier ce funeste accident. L'envoyé fut bien surpris lorsqu'étant arrivé sur les lieux, il trouva le monastère intact, et tout le monde dans une tranquilité parfaite. Il s'expliqua sur le but de la visite mais on lui répondit qu'on n'avait point vu de feu. La stupeur du comte fut à son comble, lorsqu'un des prêtres qui l'entouraient, comprenant qu'il y avait là un mystère, lui dit : « Ce que vous avez aperçu, seigneur, est une vision dont il a plu à Dieu de vous honorer. Elle convient fort bien à l'action que vous allez entreprendre, à la solennité que nous célébrons aujourd'hui, et à la sainteté du lieu sur lequel vous est apparue la merveille, car il faut bien que votre cœur soit embrasé du feu divin pour prendre la croix et l'aller faire régner parmi ses ennemis. Vous savez aussi que nous célébrons aujourd'hui la fête de la Pentecôte, jour auquel le saint Esprit descendit en forme de feu sur les disciples du Sauveur, et les religieux de Marmoutier sont tellement embrasés de ce feu divin, qu'il ne faut pas s'étonner si leur abbaye vous a paru comme environnée de flammes. »

Cette interprétation plut beaucoup au prince, et dès le

lendemain il vint à Marmoutier, raconta lui-même aux re_ligieux ce qu'il avait vu, demanda à entretenir les frères, à participer à leurs bonnes œuvres, et leur promit durant sa vie son estime et sa protection.

L'illustre saint Bernard gouvernait alors l'abbaye de Clairvaux : contemporain d'Eudes, il en fut aussi l'ami, et de pieuses relations s'établirent entre les deux abbés, Eudes ayant recours aux lumières et à la sagesse de Bernard en des circonstances difficiles; Bern_rd proclamant que l'attrait qui avait uni son âme à celle des religieux c'était l'odeur de sainteté que répandait partout Marmoutier.

Le pieux Abbé touchait au terme de sa carrière, lorsque Dieu favorisa d'une vision merveilleuse un saint religieux de l'abbaye qui devait avertir son supérieur de l'époque de sa mort :

C'était la nuit de la Fête de tous les Saints ; les frères reposaient au dortoir, mais celui dont nous parlons remplissant l'office de sacristain, veillait encore dans l'église et s'était mis en oraison. Tout d'un coup, il entendit une musique délicieuse dans la chapelle du Repos de saint Martin. Regardant alors de ce côté, il aperçut trois évêques, revêtus de leurs ornements pontificaux, dont l'un surtout, avait un port plus vénérable que les autres, et suivis de plusieurs abbés et d'un grand nombre de moines. En les examinant attentivement, il y reconnut plusieurs religieux qui étaient morts peu de temps auparavant, et s'approchant d'eux il leur demanda quels étaient les autres personnages qui formaient le cortège. Ceux-ci lui répondirent que l'évêque placé au milieu était saint Martin, et les deux autres saint Fulgence et saint Corentin, dont les reliques étaient conservées dans le monastère ; que les abbés présents sous ses yeux étaient ceux qui, par les mérites de saint Martin, jouissaient du fruit de leurs travaux. Ils ajoutèrent que saint

Martin et ses disciples visitaient souvent ce saint lieu et qu'il eût à avertir Eudes, son abbé, qu'avant un an il serait de leur nombre.

Le sacristain, tout heureux de cette vision, ne voulut pas être le seul à en jouir. Il courut au dortoir avertir quelques-uns de ses frères qui entendirent à leur tour la céleste mélodie et aperçurent dans les airs la merveilleuse procession retournant au ciel. Ce prodige ne contribua pas peu à augmenter la dévotion si grande déjà que l'on portait au Repos de saint Martin.

Quelques mois après la révélation qui lui avait été faite, de sa mort prochaine, Eudes rendit en effet son âme à Dieu. C'était le 19 juin 1137. Plusieurs écrivains de son temps lui donnent le nom de vénérable ; et, de fait, si l'on repasse en son esprit toute la régularité qu'il sut faire régner dans son monastère, les merveilles réitérées qui illustrèrent Marmoutier de son temps, la sainteté de sa vie publique et privée qui lui valut le céleste avertissement dont nous venons de parler, il semble vraiment mériter ce titre.

CHAPITRE V

Le moine *Garnier*, que l'on croit avoir été prieur d'Epernon, se trouvait à Marmoutier, peut-être revenu au rang de simple religieux, lorsqu'arriva, au Repos de saint Martin la vision merveilleuse dont nous avons parlé et dont il fut témoin. L'année suivante, il était élu Abbé (1137).

Il fit aussitôt paraître son zèle pour l'observance régulière, par la célébration d'un chapitre général, auquel assistèrent trois évêques, amis intimes du monastère : Geoffroy de Chartres, Donoald de Saint-Malo et Even de Vannes, qui

étaient sans doute venus passer les fêtes de Noël à Marmoutier. Hugues, archevêque de Tours, se montra aussi plein
de bienveillance, et le connétable Mathieu de Montmo-
rency vint à son tour, visiter l'abbaye et se recommander
aux prières des religieux.

Ceux-ci, en effet, continuaient à édifier le monde par leurs
vertus et l'on avait grande confiance dans leur crédit près
de Dieu. Ce n'était pas seulement chez les hommes faits
que l'on voyait resplendir l'éclat de la sainteté. Un jeune
enfant nommé Jean, offrait alors l'exemple d'une mort admirable, dont j'emprunte le récit à Dom Martène lui-
même.

« Cet enfant avait dix ans à peine, lorsqu'il fut présenté
à l'abbé Garnier par ses parents. Ceux-ci étaient de Tours
et habitaient le quartier de Saint-Martin. Il y avait en lui,
malgré sa jeunesse, une si grande maturité qu'il surpassait
en sagesse les vieillards eux-mêmes. Personne ne le vit
jamais rire avec éclat, jamais s'endormir à Matines, comme
il arrive assez souvent aux enfants de cet âge. Un mélange
de simplicité et de gravité se réflétait sur son visage, l'innocence était peinte dans ses yeux, et il suffisait d'un regard
sur lui pour inspirer à tous la crainte du Seigneur. Mais Dieu
qui voulait enlever cette âme candide et déjà mûre pour le
ciel, du milieu de l'iniquité, lui envoya des infirmités très
douloureuses qui ne servirent qu'à faire éclater davantage
les vertus que la grâce avait déposées en lui. Comme son
mal augmentait, il connut que sa fin était proche, et
ayant fait appeler le R.-P. Abbé, il confessa ses fautes avec
contrition et humilité, reçut dévotement sa bénédiction, se
munit du viatique et de l'Extrême Onction, puis baisa le
crucifix avec une abondance de larmes qui toucha tous les
assistants. Ensuite, on le porta dans la chapelle de saint
Benoît pour l'y déposer, selon la coutume du monastère,
sur le cilice et la cendre; et comme les infirmiers lui de-

mandaient s'ils ne souhaitait rien, il ne répondit pas, mais, levant les yeux vers le ciel, il sembla inviter les saints Innocents, qui jadis avaient lavé leurs robes dans le sang de l'Agneau, à louer Dieu avec lui, en récitant ces paroles du Psalmiste : « *Sit nomen Domini benedictum ex hoc nunc et usque in sæculum* » Enfants, louez le Seigneur, chantez les louanges de son nom ! Que ce nom adorable soit béni et maintenant et dans tous les siècles ! » Et au moment où il répétait une seconde fois ces paroles, il expira.

Tels étaient les beaux exemples qu'offraient les cloîtres de Marmoutier du temps de l'abbé Garnier, modèle lui-même de la plus éminente piété. Tout en soignant et sanctifiant les âmes, il ne négligeait pas ce qui pouvait être utile au corps. Aussi, commença-t-il à bâtir les vastes infirmeries du monastère ; mais la mort ne lui laissa pas le temps de terminer son entreprise. Il était parvenu à une extrême vieillesse, et il rendit son âme à Dieu le 23 mai 1155, comme il entrait dans la dix-neuvième année de son gouvernement.

Marmoutier était devenu plus que jamais à cette époque, un véritable centre littéraire. Il produisit des écrivains renommés tels que Arnaud, abbé de Bonneval, biographe de saint Bernard; le chroniqueur Jean de Marmoutier, qui écrivit l'histoire de Geoffroy, duc de Normandie; Gautier de Compiègne, premier prieur de Saint-Martin au Val, près de Chartres, qui composa d'excellents ouvrages malheureusement perdus, enfin l'historien anonyme des ducs d'Anjou. On fabriquait du parchemin à l'abbaye et l'on y multipliait les livres ; plusieurs moines s'exerçaient heureusement à la reliure, pour eux-mêmes et les autres monastères.

Garnier eut pour successeur *Robert I*, dit Mégueri, originaire de la Bretagne, qui occupa le siège abbatial pendant dix années. Le nouvel élu eut à subir des vexations de la part de plusieurs séculiers ; mais s'il lui fallut souffrir, il obtint pourtant que justice lui fut rendue.

En 1162, nous voyons encore un pape, Alexandre III, venir à Marmoutier à la suite d'un concile tenu à Tours. L'extrême bienveillance qu'il témoigna aux religieux portèrent ceux-ci à lui demander de vouloir bien faire la dédicace de l'église de Saint-Benoît, bâtie dans l'enceinte du couvent et destinée aux infirmes. Cet édifice était, dit-on, d'une architecture remarquable. C'est là, comme nous en avons vu précédemment un exemple, que l'on portait les malades, afin qu'à l'instar de saint Martin ils rendissent le dernier soupir, étendus sur le cilice et la cendre. Sa Sainteté leur accorda de bonne grâce cette faveur, et consacra cette église à Dieu, sous l'invocation de saint Vincent martyr et de saint Benoît (1).

Le pape confirma ensuite, comme l'avaient fait ses prédécesseurs, tous les privilèges de l'abbaye; et exhorta les moines à conserver la haute réputation de piété qu'ils s'étaient acquise par leur assiduité à la règle.

L'abbé Robert mourut en 1165, laissant la mémoire d'un religieux chéri de Dieu et des hommes.

Citons seulement ses deux successeurs immédiats : *Robert de Blois* et *Pierre de Gascogne*. L'un, bon administrateur, vit encore s'accroître par ses soins, le temporel du monastère et fit construire avec magnificence l'appartement et la chapelle de l'Abbé; l'autre occupa sa charge trop peu de temps pour pouvoir fournir des faits à l'histoire. C'étaient, d'ailleurs, des hommes vénérables, et d'excellents

---

(1) On s'étonnera peut-être que cette chapelle, dite de saint Benoît, ait eu pour premier patron saint Vincent martyr : C'est qu'on ne consacrait jamais les églises qu'en insérant dans l'autel quelque relique d'un martyr. — On voit encore une partie des fondations de la Chapelle Saint-Benoît, dans le jardin actuel de Marmoutier.

religieux. Après eux, la crosse abbatiale passa entre les mains d'*Hervé de Villepreux*.

Hervé était de noble race et sa famille alliée à la maison royale de France. Mais lui, préférant à toute grandeur mondaine l'abjection de la croix, entra à Marmoutier dès sa plus tendre jeunesse et y éprouva de bonne heure combien le joug du Seigneur est doux. « Il ne retint de sa première condition, dit Dom Martène, qu'une grandeur d'âme qui lui fit mépriser tout ce que le monde estime, et embrasser avec joie tout ce qu'il rejette. » Tel était l'homme sur lequel tomba, en 1177, le choix des religieux.

On peut dire que l'abbaye était, à cette époque, arrivée à peu près à l'apogée de sa puissance territoriale. Déjà largement dotée dans le passé par les rois de la première et de la seconde race, elle n'avait fait que s'accroître sous la main libérale de Hugues Capet ; mais ce fut surtout sous le sage gouvernement d'Hervé que les fondations se multiplièrent. Ici, c'est le prieuré de Lehon, près de Dinan, en Bretagne, qui est donné au nouvel Abbé afin qu'il en répare les ruines physiques et morales ; là c'est celui de Saint-Martin du Mans, qui lui est concédé par la libéralité de l'évêque ; en Espagne, enfin, c'est un riche seigneur qui fait don à Hervé et à ses religieux de la moitié de ses biens.

En moins de deux siècles, l'abbaye avait acquis par donation une multitude de possessions, principalement dans l'Ouest et le Nord-Ouest de la France, en Touraine, en Poitou, en Vendée, en Bretagne, dans l'Anjou, le Maine, la Normandie, la Picardie, la Champagne, l'île de France, l'Orléanais, le Berry etc…, et si l'on y joint l'Angleterre, où Guillaume le Conquérant avait donné le signal des libéralités envers le monastère de saint Martin, on comprendra le vieux dicton de nos pères :

De quelque lieu que le vent vente,
Marmoutier a cens et rente.

Cette immense puissance faisait non-seulement de l'Abbé un personnage influent qui servit plus d'une fois d'arbitre pour rétablir la paix entre les princes, mais de plus elle contribua à faire de l'abbaye de Marmoutier un des foyers les plus actifs de l'action civilisatrice du christianisme en Occident; car le monastère et tous les prieurés de sa dépendance n'étaient pas seulement de pieuses retraites où les uns venaient chercher la sauvegarde de leur innocence contre les périls du monde, et les autres l'austère discipline de la pénitence après une vie agitée, c'étaient encore autant d'écoles, où les moines en transcrivant les vieux manuscrits conservaient les pieuses traditions de l'antiquité, cultivaient les lettres, les sciences et les arts; c'étaient enfin des lieux saints et respectés où les seigneurs féodaux, trop souvent d'un caractère violent et emporté, recevaient des conseils de modération et de douceur et apprenaient à faire céder la force devant le droit même désarmé.

Et tandis que les moines, sévères pour eux-mêmes, s'astreignaient aux rigides observances de la règle de saint Benoît, ils dépensaient généreusement leurs immenses revenus dans l'intérêt du peuple. Ils secouraient les pauvres, ils affranchissaient leurs serfs, leur faisaient défricher et cultiver le sol, contruisaient des fermes, véritables métairies modèles, dotaient le pays de riches vignobles, créaient des villages et des bourgs, enfin par l'enseignement et la pratique de l'Evangile, adoucissaient les mœurs et préparaient à la France des générations plus heureuses et plus civilisées. De belles églises, d'un style hardi et noble, enrichies d'ornements et de peintures, couvraient par leurs soins le sol de la France, à l'immortel honneur de ces siècles dédaignés trop longtemps.

Sans doute ce rôle fut commun à tous les monastères tant qu'y fleurit la régularité ; mais on peut dire que l'abbaye de Marmoutier, par l'étendue de ses possessions et le grand nombre de ses prieurés, y eut une part considérable et contribua, plus que les autres peut-être, au défrichement matériel et moral de notre patrie.

Comme une foule de grands personnages, abbés, évêques, princes, seigneurs, venaient sans cesse au monastère troubler par leur affluence, la paix et le recueillement des frères, le sage et vigilant Hervé fit bâtir devant l'église un vaste corps de logis pour y recevoir les hôtes, de telle sorte que ceux-ci, n'entrant plus dans l'intérieur du cloître, les religieux pussent conserver toute leur tranquilité. Il n'épargna point la dépense, et en trois ans l'édifice fut achevé. Jusque là, on avait introduit dans le monastère l'usage de la viande pour les étrangers; Hervé estima cette coutume contraire à la règle de saint Benoît et à la pratique de l'ordre; en conséquence, il la retrancha entièrement et fit un réglement tout contraire, en présence du cardinal d'Albano qui se trouvait alors à Marmoutier et qui fut le premier à s'y soumettre.

Modèle accompli des Abbés, sévère à lui-même, indulgent pour ses frères, Hervé entretint autour de lui une communauté nombreuse qu'il gouverna avec la tendresse d'un père, plein de charité envers les bons, mais exact à punir les fautes des coupables, sachant toujours unir la sévérité et la douceur. Sa grandeur d'âme et son humilité profonde éclatèrent surtout quand on le vit, après dix ans de prélature, se démettre lui-même de la dignité de sa charge, non pour vivre plus en repos, mais afin de se livrer à une austérité plus rigoureuse. Pendant qu'autour de lui, ses religieux pleuraient la perte d'un si bon père, il se retira à l'exemple des anciens solitaires de Marmoutier, dans une grotte qu'il s'était fait creuser dans le rocher; il vécut encore seize ans, se livrant à une oraison continuelle et à la pratique de la plus austère pénitence. Les six dernières années de sa vie, il n'eut plus d'autre lit que la terre nue ou le siège de pierre sur lequel il s'asseyait (1).

Sa mort répondit à la sainteté de sa vie ; il s'endormit dans le Seigneur l'an 1203, et la tradition lui a donné le nom de Bienheureux.

Les éminentes qualités de *Geoffroy de Coursol* le rendaient digne de succéder au saint abbé Hervé (1187); il joignait en effet à une extrême modestie une science profonde, une grande piété, et Dieu se plut à le combler de ses abondantes bénédictions.

CHAPITRE VI

Le retour de Philippe-Auguste, après la troisième croisade, n'avait pas ramené la paix en France, où les seigneurs continuaient à guerroyer entre eux; las enfin de cet état de choses, ils se résolurent à le faire cesser et cherchèrent des garants de leurs engagements mutuels. Geoffroy de Marmoutier eut, avec les abbés de Cluny et de Saint-Denis et le prieur de la Charité, l'honneur de recevoir leur parole.

Aussi humble qu'Hervé de Villepreux, Geoffroy renonça en 1210 à sa dignité pour achever sa carrière dans les pratiques régulières et obscures des simples religieux.

Son successeur, *Hugues de Rochecorbon*, était issu, comme son nom l'indique, de l'illustre maison des seigneurs de Rochecorbon dont le castel s'élevait sur des rochers qui bordent les coteaux de la Loire, non loin de Marmoutier. Il avait embrassé la vie religieuse dès ses plus tendres années, et s'il n'atteignit jamais une haute stature, car l'histoire fait remarquer qu'il était très petit, il grandit du moins en mérite et en savoir, et fut trouvé digne de la charge éminente qu'on lui confia après la démission volontaire de Geoffroy de Coursol.

La guerre ayant recommencé entre les souverains de France et d'Angleterre, ce fut l'abbé Hugues que Philippe-Auguste choisit, pour amener une trêve entre lui et Richard Cœur de Lion. La négociation réussit selon les vœux du roi (1214).

On était arrivé à cette célèbre époque du XIIIe siècle si féconde comme chacun sait, en chefs-d'œuvre d'architecture religieuse. Alors surtout, la France tout entière se couvrait de magnifiques églises et d'édifices portant l'empreinte majestueuse et sublime du style ogival. L'abbaye de Marmoutier devait avoir d'autant plus naturellement sa part dans ce progrès que celui qui la gouvernait en ce moment, avait plus de goût et de génie pour les belles et grandes choses. Il commença par faire construire, du côté de la Loire, deux portes d'un aspect imposant qui reçurent les noms, l'une de *Porte de la Crosse,* l'autre de *Porte de la Mitre.* Toutes deux devaient rappeler par leur destination et leur forme les prérogatives de la dignité abbatiale.

La Porte de la Crosse surtout était digne d'attirer les regards. Au-dessus de la robuste corniche du vaste portail aux arcatures en ogive, se trouvait une longue salle percée de douze fenêtres rectangulaires assez étroites pour jouer le rôle de meurtrières, et destinée à contenir la garnison nécessaire à la défense de la porte. Tout auprès, on y ad-

(1) On montre encore aujourd'hui, à Marmoutier, entre la chapelle des Sept-Dormants et l'emplacement où l'on suppose avoir été la grotte et l'autel de saint Gatien, un lit de pierre taillé à vif dans le roc, qui pourrait bien être la dure couche du bienheureux Hervé.

joignit une sorte de donjon hexagonal en forme de tourelle, percé sur chaque face de trois rangs de meurtrières tréflées et décoré d'une délicieuse flèche de pierre aux arêtes ornées de crochets. Une galerie, d'où l'œil pouvait embrasser un vaste panorama, couronnait la tourelle en contournant la base de sa flèche. Elle devait servir de tour du guet et de beffroi à l'abbaye (1).

La Porte de la Mitre, dont on retrouve le dessin sur les anciens plans de l'abbaye, était beaucoup moins remarquable (2).

Mais ce qui rendit la mémoire de Hugues de Rochecorbon impérissable, c'est qu'il fit encore bâtir les deux tours de la façade et les quatre premières travées de la superbe église abbatiale destinée à remplacer l'ancienne, et à faire l'admiration des siècles futurs.

Les dépendances de l'abbaye ne furent pas non plus oubliées. C'est à cette époque en effet qu'on construisit le portail, la grange et le colombier du prieuré de Meslay, remarquables spécimens de ce beau style du XIIIᵉ siècle, qu'on ne se lasse pas de rencontrer. « La grange, dit M. Chevalier, dans ses « *Promenades pittoresques en Touraine* » était un véritable modèle par la splendeur imposante de ses proportions, la capacité intérieure de son vaisseau, et l'habile distribution de toutes ses parties. » (3)

Le saint Abbé, toujours humble et affable au milieu de ses grandes œuvres, se concilia l'amour et le respect de

(1) Le portail de la Crosse et la flèche qui lui est adjacente subsistent encore à peu près dans l'état où nous venons de les décrire, sauf quelques légères modifications subséquentes. C'est un noble spécimen de l'architecture des abbayes au moyen-âge.

(2) Le portail de la Mitre a complétement disparu.

(3) Cette grange existe encore ainsi que le porche du prieuré, et sont toujours considérés comme deux des types le plus parfaits de l'architecture civile au XIIIᵉ siècle.

tous ses frères. On en acquit particulièrement la preuve dans les obsèques magnifiques qui lui furent faites après sa mort, obsèques qui surpassèrent, dit-on, tout ce qu'on avait encore fait jusque là pour ses prédécesseurs. Son corps fut inhumé dans le Chapître et recouvert d'un remarquable tombeau qui rappelait tout ensemble ses œuvres et ses vertus (1227).

CHAPITRE VII

Les choses humaines ont toujours même histoire : elles commencent à paraître, progressent, arrivent ordinairement à ce qu'on appelle leur apogée, puis elles déclinent, et parfois se corrompent. C'est hélas, ce que nous aurons à constater ici une fois de plus.

Ce monastère fameux, remarquable pendant trois siècles par la régularité, la piété et même la sainteté; ce monastère si richement doté par la munificence des rois, des princes, des évêques et des grands du monde, protégé par leur autorité et jouissant de la plus haute considération même dans les pays étrangers; nous allons le voir maintenant s'affaiblir dans son observance, subir les vexations des puissants de ce monde, et perdre graduellement enfin, ce prestige qui avait fait de Marmoutier l'une des plus célèbres abbayes du monde.

Les trois premiers successeurs d'Hugues de Rochecorbon ne firent, pour ainsi dire, que passer sur le siège abbatial; le dernier, *Hugues II*, résigna même sa charge pour devenir abbé de Cluny (1236). Fait évêque de Langres, il assista au concile général de Lyon, auquel présida le pape Innocent IV ; enfin, ayant suivi saint Louis dans sa croisade en Terre-Sainte, il mourut à Damiette.

Les débuts de Geoffroy de Conam ne furent pas consolants, car il eut à déplorer l'indigne conduite de quelques moines qui, s'étant emparés par ruse du sceau du monastère, s'en servirent pour sceller des lettres d'emprunt qu'ils donnèrent à leurs créanciers au grand préjudice de l'abbaye. Cet attentat bientôt connu, fut l'occasion d'un rescrit du pape Grégoire IX ordonnant de punir les coupables. Ceux-ci sortirent du monastère et se mirent à errer de par le royaume, au grand scandale des séculiers. Ils eurent l'audace d'aller trouver à Lyon le pape lui-même, qui leur enjoignit de rentrer dans leur cloître pour y subir la discipline régulière. Mais ils n'obéirent point à cet ordre et le Souverain Pontife, informé de cette obstination, les fit avertir une seconde fois en prescrivant à l'abbé de Marmoutier de les recevoir avec bonté et miséricorde. Ce fut en vain ; alors le pape, qui avait poussé la condescendance jusqu'aux dernières limites, leur fit savoir que s'ils ne voulaient pas au moins entrer dans une autre religion, on les ferait enfermer dans un lieu exprès, pour y être soumis à une pénitence perpétuelle.

Dans le but de prévenir désormais de semblables désordres, Grégoire IX donna commission à l'archevêque de Bourges, à l'évêque de Dol et à l'abbé de Bourgdieu, de visiter en son nom l'abbaye de Marmoutier et, s'il y avait lieu, de travailler à sa réformation. Les délégués exécutèrent leur commission, firent de sages règlements et visitèrent ensuite dans le même but les prieurés dépendant de l'abbaye. Grâce à ces sages mesures, jointes au zèle sincère que fit paraître Geoffroy de Conam lui-même, le bon ordre fut rétabli. Marmoutier d'ailleurs, avait reçu du Vicaire de Jésus-Christ une nouvelle et grande faveur : Innocent IV, lors de son élection (1243) avait accordé quarante jours d'indulgence à ceux qui, étant véritablement contrits et confessés, visitaient l'église de l'abbaye aux deux grandes fêtes de saint Martin, celle d'hiver et celle d'été (11 novembre et 4 juillet). Il avait donné aussi une bulle défendant à tous les laïques ou ecclésiastiques qui tenaient des biens du monastère, en fief, à cens ou à revenus annuels, de les vendre, donner ou aliéner sans le consentement du Chapitre. C'était là une mesure d'autant plus utile que déjà un certain nombre de prieurés et de domaines dépendant de l'abbaye avaient été donnés en commende à des personnes séculières, et cela à la prière des princes et des légats, du pape lui-même. Une fois cette porte ouverte, les abbés s'étaient trouvés accablés de sollicitations qu'ils ne pouvaient refuser et qui, peu à peu, devaient amoindrir la discipline des cloîtres, diminuer leur influence et finalement amener leur ruine.

Une autre épreuve plus menaçante encore, vint bientôt fondre sur Marmoutier : ce fut la persécution odieuse qu'Hugues de Châtillon, de la maison de Blois, lui fit subir. Cet homme, que les historiens nous représentent, comme un ambitieux, révolté même contre la reine Blanche de Castille, entreprit de faire valoir certains droits dont s'était prévalu son père contre les religieux; il arriva donc au monastère avec une véritable armée, et n'ayant pu faire reconnaître ses prétentions, il se livra aux derniers excès.

Il commença par briser les portes de l'abbaye qu'il trouva fermées, et joignant l'impiété à la violence, il renversa les images des saints qu'il rencontra sur son passage, et jeta le crucifix lui-même dans la boue. Une fois entré dans l'intérieur du monastère, il enfonça les portes, maltraita les religieux, fit consommer par ses gens toutes les provisions de la maison et y laissa garnison en se retirant.

Il ne s'en tint pas là. L'année suivante, l'abbé Geoffroy, étant allé faire la visite de quelques prieurés, le comte mit tout en œuvre pour l'empêcher de rentrer à Marmoutier. Quelque vertu qu'eussent les religieux, ces emportements n'étaient pas supportables; ils portèrent donc plainte au pape Grégoire IX qui nomma des commissaires pour examiner le différend. Les excès du comte n'ayant été reconnus que trop réels, les délégués lancèrent contre lui une sentence d'excommunication, dont le pape le fit pourtant absoudre un peu plus tard, après que le coupable eût accepté sa sentence.

Mais cette soumission n'était qu'une feinte, aussi ne fut-elle pas de longue durée. Le comte retomba bientôt dans ses premières violences. Excommunié de nouveau par le pape, il ne put obtenir la levée de cette censure qu'en faisant serment d'obéir à sa Sainteté en tout ce qu'elle ordonnerait de lui. Pour se tirer d'embarras, il céda à son fils Jean de Châtillon son comté de Blois, et celui-ci ne s'en vit pas plus tôt en posssession, qu'il reprit, et avec plus de fureur encore, les vexations de son père. Comme lui, il vint à Marmoutier, y renouvela les mêmes scènes de vandalisme, et y mit garnison.

Le pape informé de ces nouveaux actes d'injustice et de rébellion, adressa un rescrit à l'archevêque de Tours, l'enjoignant d'avertir le comte de Blois qu'il devait retirer immédiatement la garnison de l'abbaye, veiller à ce que nulle violence ne fût faite aux religieux, et comparaître dans l'espace de deux mois devant sa Sainteté, pour y répondre de ses méfaits.

L'Archevêque obéit : le comte feignit encore de se soumettre, mais pour recommencer bientôt avec une nouvelle audace. Il en arriva même à ne plus garder aucune mesure. Il se saisit de tous les revenus de l'abbaye de Marmoutier, en Touraine et ailleurs, et réduisit les moines à une telle extrémité, qu'ils ne purent subsister que grâce aux secours envoyés par les prieurés de Bretagne et de Normandie.

Ce n'était pas encore assez ; ayant appris que l'abbé Geoffroy se disposait à passer en Angleterre, il lui fit dresser des embûches, se saisit de sa personne et le fit enfermer dans son château de Guise (1), laissant les religieux qui l'accompagnaient désolés de sa perte, et ignorants du sort qui lui était réservé. Geoffroy demeura ainsi sept ans prisonnier ; mais la Providence le délivra au moment où il y pensait le moins.

« Un jour, raconte Dom Martène, que l'infortuné captif avait la tête à la fenêtre, il aperçut un domestique de son monastère, qui, passant par Guise, s'arrêtait à regarder le château, il le reconnut, l'appela par son nom, lui révéla qui il était, lui demanda des nouvelles de ses frères et si l'on pensait encore à lui. Le domestique surpris au-delà de toute expression, plein de joie d'avoir retrouvé son maître et surpris de le voir dans un tel état, retourna aussitôt au monastère pour informer les religieux de ce qui s'était passé. Cette nouvelle, si l'on peut parler ainsi, les ressuscita, et après avoir rendu grâce à Dieu, sans perdre de temps, ils informèrent le pape et le roi de la tyrannie du comte, en réclamant justice. »

Lorsque Jean de Châtillon sut que le pape et le roi étaient au courant de son infâme conduite, il en conçut un vif déplaisir et redoublant de cruauté, il fit bander les yeux du malheureux Abbé, lui fit lier les pieds et les mains, et le jeta ainsi dans un fossé, près du prieuré d'Epargnon, sans aucun secours humain.

Fort heureusement, le prieur de ce monastère étant venu à passer, le reconnut et lui offrit un cheval et des vêtements. Mais l'abbé l'en remercia, disant qu'il se présenterait tel qu'il était réduit devant le pape et le roi. L'un et l'autre furent vivement touchés de ce spectacle, et le

(1) Dans le Vermandois.

pape comprenant qu'il n'y avait plus aucun ménagement à garder, envoya un nouveau rescrit à Pierre, archevêque de Tours, lui ordonnant de déclarer publiquement le comte et tous ses complices excommuniés et d'en écrire, en son nom, à tous les évêques de France afin qu'ils agissent de même dans leurs diocèses.

Cet ordre fut exécuté, mais si ce coup de foudre parut écraser un instant l'incorrigible endurci, cela ne fut pas long. Alors le cardinal de Saint-Nicolas, au nom du saint Père, rendit une sentence par laquelle il déclarait nuls les prétendus droits du comte.

Cette sentence fut la dernière que prononça l'Eglise contre le comte de Blois, et elle aurait été aussi inutile que les autres si le roi ne s'en fût mêlé. Les choses en effet en étaient venues à un tel point, qu'il fallait un roi de France comme saint Louis, c'est-à-dire un véritable protecteur des opprimés, pour terminer le différend.

Le pieux monarque, si grand justicier, pleinement informé des violences inouïes auxquelles s'était livré le comte, résolut d'y apporter un prompt et efficace remède. Cependant, afin de ménager encore autant qu'il le pouvait cet esprit intraitable, il l'obligea de céder tous ses prétendus droits sur l'abbaye de Marmoutier à Alphonse, comte de Poitiers, frère du roi, en persuadant ensuite à celui-ci de les céder de nouveau aux religieux. Jean de Châtillon se soumit à la volonté royale, mais il demanda un dédommagement, et saint Louis, pour tenter d'adoucir ce caractère farouche, lui alloua une somme de 4,500 livres, dont les religieux remirent au roi la plus grande partie, pour lui témoigner leur reconnaissance de la paix qu'il leur avait enfin procurée (1254).

Le traité étant ainsi conclu, l'abbé de Marmoutier et les siens supplièrent saint Louis de les prendre, eux et leur monastère, sous sa protection. Il leur accorda cette grâce avec bonté, et déclara vouloir que la tutelle de l'abbaye de Marmoutier fût à l'avenir attachée inséparablement à la couronne de France, afin de lui assurer ainsi l'appui de tous les rois ses successeurs.

Les religieux, pleins de gratitude envers le pieux monarque, se hâtèrent, après sa canonisation, de lui consacrer une des principales chapelles de leur église, et ils tinrent toujours son culte en grand honneur.

L'an 1254, l'abbé Geoffroy, revenant de Rome où il était allé plaider, comme nous l'avons vu, sa cause contre le comte de Blois, eut la dévotion de visiter les lieux sanctifiés par le martyre de la Légion Thébaine. Il passa donc par le monastère de Saint-Maurice en Valais, qui appartenait à une autre branche de la grande famille bénédictine. Il y fut très bien reçu et pria l'abbé saint Maurice de lui accorder quelques reliques des saints martyrs, promettant de leur consacrer un autel dans la nouvelle église de son abbaye. On accéda à sa requête, et c'est ainsi qu'il apporta à Marmoutier une portion des ossements de saint Exupère et de ses compagnons; ces précieux restes furent conservés et honorés jusqu'au temps des ravages des Huguenots.

L'ordre de saint Benoît, il faut l'avouer, s'était un peu attiédi durant le XIIIᵉ siècle; aussi le pape Grégoire IX s'efforça-t-il de le relever par d'excellents statuts, propres à réveiller l'esprit de la règle. Mais beaucoup de religieux considérèrent ces règlements comme un joug nouveau trop pesant pour leurs épaules, et cherchèrent à s'en faire décharger par les papes ses successeurs. Geoffroy de Conam fut du nombre des solliciteurs, et il obtint d'Alexandre IV un rescrit par lequel sa Sainteté lui permettait de dispenser ses sujets des statuts de Grégoire IX, comme n'étant pas de la substance de la règle. On peut juger, par ce seul fait, combien on était déjà loin de la ferveur primitive.

De plus, Geoffroy se ressentait trop lui-même de l'affaiblissement général de l'époque et songeait peu à maintenir les réglements de la vie claustrale. Quelques religieux, strictes observateurs de la règle (et il s'en trouvait encore bon nombre) se virent obligés, de concert avec certains prieurs, d'en référer au Souverain Pontife qui écrivit à Geoffroy pour le reprendre de sa négligence et l'exhorter à avoir plus de soin de sa sanctification et de celle de ses frères.

Il faut croire que l'Abbé tint compte de cette recommandation, car le même pape Alexandre, dans une bulle datée de 1258, fait l'éloge des religieux de Marmoutier, de leur obéissance et de l'édification de leur vie. Il rédigea lui-même certains statuts qu'il leur prescrivit d'observer. Cette fois l'abbé Geoffroy s'y soumit sans réclamation, et ces règlements furent depuis, si bien gardés à Marmoutier, qu'on obligeait les nouveaux abbés à jurer sur les saints Évangiles qu'ils les maintiendraient fidèlement.

Geoffroy ne survécut pas longtemps à ce rétablissement des règles monastiques ; sa mort arriva le 19 juillet 1262. Il avait gouverné l'abbaye vingt-deux ans au milieu de graves difficultés. Il faut lui rendre cette justice que dans les plus pénibles afflictions, il fit toujours paraître une grandeur d'âme qui le rendit supérieur à l'adversité, et malgré les énormes dépenses qu'il fut obligé de faire pour soutenir ses droits attaqués et réparer les ravages commis dans le monastère, il trouva le moyen de continuer l'église si heureusement commencée par Hugues Ier, et la poussa jusqu'aux gros piliers du Repos de saint Martin.

CHAPITRE VIII

L'abbé Geoffroy laissait à son successeur un héritage difficile à recueillir. L'abbaye était chargée de dettes et tout à fait brouillée avec les comtes de Blois; il fallait un homme prudent, économe, pacifique, pour la tirer d'un si mauvais pas ; on le rencontra heureusement dans la personne d'*Etienne de Vernon* ou Vernou. Son élection se fit par compromis, c'est-à-dire que tous les religieux s'étant remis du choix de leur Abbé à quatre d'entre eux, ceux-ci l'élurent unanimement :

Il reçut à Orvieto, la bénédiction abbatiale des mains du pape Urbain IV (Octobre 1262) qui, plein d'estime pour son rare mérite, le nomma, conjointement avec Nicolas, évêque de Troyes, et le dominicain Geoffroy de Beaulieu, confesseur de saint Louis, commissaire pontifical, avec charge de travailler à la réforme de l'ordre des Citeaux.

Cependant le comte de Blois conservait un vif ressentiment contre l'abbé de Marmoutier et ne cherchait qu'une occasion de le lui témoigner. Profitant de ce que l'abbaye possédait des prieurés et des domaines dans son comté, il y fit valoir ses droits avec hauteur, surchargea de tailles les vassaux des religieux et ravagea leurs terres. L'abbé Etienne, désireux de procurer la paix à son monastère à quelque prix que ce fut, remit alors tous ses intérêts à Vincent, archevêque de Tours, qu'il choisit pour arbitre de ses différends avec le comte. Tous trois eurent une entrevue à Chouzy, et l'archevêque, après avoir entendu les deux parties, engagea les religieux à céder au comte quelques-uns de leurs droits sur les domaines situés dans son territoire, mais condamna celui-ci à les indemniser et à payer les dépenses occasionnées par ses exactions passées. Puis il lui donna l'absolution et le dispensa de la pénitence publique qu'il avait encourue par sa conduite coupable.

Le comte, heureux d'en être quitte à si bon marché, conclut volontiers la paix à ce prix, et vécut depuis lors en bonne intelligence avec l'abbé Etienne; comme l'attestent deux lettres adressées par lui et la comtesse Alix, son épouse, à l'abbé de Marmoutier au sujet d'un monastère de franciscains fondé au prieuré de Chouzy, lettres qui respirent enfin le respect et la déférence.

L'abbé Etienne sage, économe et excellent religieux, mourut à Meslay le premier jour de l'an 1283. Son corps fut apporté à Marmoutier où il reçut les honneurs de la sépulture, cérémonie à laquelle vinrent assister les chanoines de Saint-Gatien et de Saint-Martin de Tours, les religieuses de la ville, les Cordeliers et les Jacobins.

L'élection de *Robert de Flandre*, prieur de la Celle en Brie, se fit par compromis comme celle de son prédécesseur, et fut aussitôt ratifiée par le pape Martin IV qui se trouvait alors à Orvieto et avait autrefois connu Robert à Saint-Martin de Tours. L'humble Abbé supplia le pontife de le décharger d'un fardeau beaucoup trop lourd pour ses faibles épaules, mais le pape, jugeant mieux encore par là de son vrai mérite, ordonna à l'évêque de Porto de le bénir solennellement, ce qui eut lieu le 18 mai 1283.

Voulant ensuite lui donner une marque particulière de son estime, et relever son humilité par quelque distinction spéciale, le pape lui accorda l'usage de l'anneau et de la mitre aux processions et aux offices des grandes fêtes.

Toutefois pour ne point donner, par cette innovation, ombrage aux archevêques de Tours, il excepta la ville de Tours des lieux où l'Abbé pourrait porter ses insignes et donner sa bénédiction solennelle.

Tandis que le chef de l'Église accordait ainsi à Marmoutier de nouvelles prérogatives, les comtes de Blois tentèrent encore une fois de satisfaire leur ambition au détriment des dépendances de l'abbaye ; il fallut, pour y mettre un terme, l'avénement au comté de Blois, de Hugues II de Châtillon, qui reconnut définitivement le bon droit des moines et leur rendit enfin la paix (1293).

Mais un nouvel orage allait s'élever du côté de l'Angleterre où Marmoutier possédait plusieurs prieurés. Quelques évêques de ce pays, et en particulier celui de Lincoln, continuant à élever des prétentions injustes contre ces monastères, Robert s'y opposa fortement, et dans le but de régler la question, passa en Angleterre. Mais ce voyage lui coûta cher. Le roi le fit arrêter, et l'abbé de Marmoutier, pour payer sa rançon, fut obligé de lever sur les prieurés de Tickeford et d'York une forte somme qui lui fut du reste, octroyée très généreusement.

Revenu en Touraine, il administra encore son abbaye pendant plusieurs années, acheva le chœur de l'église et mena l'édifice jusqu'à la chapelle de saint Louis (1). Il mourut en 1295 et reçut la sépulture dans la chapelle de Notre-Dame du Chevet, bâtie en dehors de l'abside.

Eudes de Braccoles qui lui succéda, appartenait à une famille puissante ; son talent lui valut souvent d'être employé dans les plus importantes affaires de l'époque. Boniface VIII lui écrivit deux fois, d'abord au sujet de ses démêlés avec Philippe le Bel, puis à propos de la croisade que le souverain Pontife voulait provoquer. Dans ce but, Eudes se rendit à Rome avec les archevêques de Bordeaux et de Tours, et aussi afin d'essayer d'apaiser le conflit qui durait toujours entre le pape et le roi.

(1) C'était très probablement une des chapelles absidiales. Il est regrettable qu'on ne puisse retrouver le plan complet de l'église.

Comme l'anné 1310 avaít était marquée par une extrême stérilité; Eudes, touché de compassion pour la misère des vassaux de l'abbaye, employa le crédit dont il jouissait auprès de Philippe-le-Bel, pour porter ce prince à leur remettre le tribut qu'il exigeait d'eux ; ce que le roi accorda.

Mais l'abbé de Marmoutier n'était pas tellement occupé des grandes affaires de l'Etat ou de l'extérieur de son monastère qu'il ne songeât aussi à l'avancement spirituel de ses frères. Il promulgua d'excellents statuts pour entretenir la discipline, surtout dans les prieurés éloignés de l'abbaye. La lecture de ces règles si sages, prouve que malgré les symptômes de relâchement qui s'étaient déjà manifestés à plusieurs reprises, la plus grande majorité des religieux était encore pleine de zèle et de ferveur.

Une des principales gloires du gouvernement de l'abbé Eudes, fut l'achèvement de l'église du monastère. Il y avait près d'un siècle que Hugues de Rochecorbon l'avait commencée ; ses successeurs avaient poursuivi ce grand travail avec beaucoup de soin et de goût. Au milieu de temps particulièrement difficiles, Eudes sut trouver le moyen d'y mettre la dernière main. Par ses vastes proportions et la délicatesse de son style, cette église prit place parmi les plus belles du royaume. Elle avait plus de cent mètres de longueur, et était précédée d'un portique ouvert à triple baie, au fond duquel se dessinaient les portes proprement dites de l'église dont les voussures étaient délicatement sculptées. Un peu à gauche, et en dehors de l'édifice, s'élevait une grosse tour à flèche de pierre, dite Tour des Cloches, d'où treize cloches, au jour des grandes solennités, jetaient leurs puissantes harmonies dans les airs (1).

_____

(1) Une tradition appuyée sur des documents historiques très respec-

Le vaisseau de l'église, en forme de croix latine, se composait de trois nefs, d'un transept et d'une abside autour de laquelle rayonnaient des chapelles. Tout au fond, derrière le chœur, se prolongeait encore la chapelle plus ancienne de Notre-Dame du Chevet.

Le portail était flanqué de deux tours, restées inachevées. Au point central de la réunion des deux bras de la croix, se dressait au-dessus de la toiture, une flèche légère. Le bras septentrional du transept était appuyé à la grotte du Repos de saint Martin, auquel on accédait, de l'intérieur de l'église, par un double escalier, si artistement agencé autour du même noyau, que deux personnes pouvaient monter et descendre sans se rencontrer (1).

Eudes de Braccoles eut la joie de voir s'achever cette grande œuvre, et mourut le 21 semptembre 1312. On lui érigea un magnifique tombeau, dans la chapelle de saint Louis, qui était son ouvrage.

CHAPITRE IX

Jean de Mauléon, successeur d'Eudes de Braccoles, originaire d'une famille du Poitou, fut comme lui bon administrateur et fidèle gardien de l'observance régulière, persuadé qu'il était d'assurer par là seulement l'avenir de

tables, nous apprend que la crypte que l'on peut voir encore sous la tour des cloches, fut creusée d'abord par saint Gatien, puis agrandie ensuite par saint Martin. (Note de M. Ch. Desmoulins.)

(1) L'architecte principal de cet admirable édifice, se nommait Maître Etienne (On pense qu'il s'agit ici d'Etienne de Mortagne, le même qui, croit on, bâtit en partie la cathédrale de Tours). — Ce monument, qui subsistait encore au commencement de ce siècle, n'existe plus aujourd'hui, il n'en reste que quelques débris de murailles. servant de clôture ; tout le reste a été anéanti, rasé, ou est enfoui sous les décombres.

la grande abbaye confiée à ses soins. Tant que les religieux avaient conservé, en effet, leur première ferveur ils avaient éprouvé la vérité de cette parole : « Cherchez premièrement le royaume de Dieu et rien ne vous manquera »; les biens et les domaines leur étaient arrivés de toutes parts, les puissances ecclésiastique et séculière n'avaient cessé de les protéger. Mais dès qu'ils eurent ouvert la porte au relâchement, on les vit en butte à la jalousie et aux persécutions de tous, évêques, barons, nobles et roturiers, pour qui leurs richesses étaient devenues un objet de convoitise. Comme il était difficile de recourir souvent au tribunal suprême du Saint-Siège, l'abbé Jean de Mauléon, dans le but de prévenir des difficultés sans cesse renaissantes, supplia Sa Sainteté de pourvoir à la sécurité de ses religieux par quelque moyen efficace. Jean XXII compatit à l'inquiétude des moines, nomma des conservateurs officiels de leurs biens et privilèges, auxquels il donna le pouvoir de réprimer, soit par les censures de l'Eglise, soit même, s'il était nécessaire, par le recours au bras séculier, les violences qui seraient encore exercées contre les serviteurs de Dieu (1319).

Sous le gouvernement de Jean de Mauléon, eut lieu à Paris la fondation de deux collèges dûs à la génér: té de Geoffroy du Plessis, qui finit ses jours à l'abbaye de Marmoutier, en qualité de simple moine. Dieu inspira à ce riche gentilhomme de la Touraine, d'entretenir à ses frais un certain nombre de pauvres écoliers de l'Université de Paris, et il créa pour eux l'établissement dit d'abord Saint-Martin du Mont », et dans la suite, « Collège du Plessis ». Le fondateur appela Jean de Mauléon à le diriger, et pour acquitter envers cet habile maître sa dette de reconnaissance, il éleva dans la capitale une seconde maison destinée aux seuls religieux de l'abbaye, et qui s'appela « Collège de Marmoutier » (1328).

A l'intérieur de son monastère, Jean de Mauléon rencontra de grandes difficultés, à la suite de graves controverses avec l'un des principaux dignitaires, ce qui créa, fort malheureusement, deux partis dans la communauté; l'Abbé, dans un esprit de conciliation, se démit de sa charge entre les mains de Simon le Maye qui fut son successeur (1330). Il mourut juste un an et un jour après sa renonciation.

Simon le Maye ou le Mage, fut tout à la fois un homme d'église et un homme d'état. Il savait la stricte observance des règles bien déchue dans la plupart des monastères de France, et fit ce qu'il put pour remédier à cette décadence au moins dans celui dont la charge venait de lui être confiée.

Il y avait, à cette époque, entre l'église du monastère et le côteau de Rougemont, un chemin qui conduisait à Rochecorbon (1); cet état de choses était fort préjudiciable à l'ordre et à la discipline en ce qu'il laissait le champ libre à tous les gens du dehors. Déjà l'abbé de Mauléon, prédécesseur de Simon, avait entrepris de fermer ce chemin et avait même obtenu du roi des lettres dans ce but, mais la population des environs s'y était opposée si fortement qu'il n'avait pu mettre son projet à exécution, Simon le Maye reprit ce projet et il en vint à bout très heureusement. Le roi lui donna toute autorisation pour cela avec permission de châtier sévèrement ceux qui enfreindraient son ordre; le chemin fut donc fermé et l'abbaye entièrement close de murailles.

L'abbé Simon ne s'en tint pas là. Il fit achever les portiques de l'église, construire le manoir de Rougemont et orner de beaux vitraux la chapelle de saint Benoît.

Quoique bien décidé à soutenir énergiquement les droits

(1) Ce chemin existe encore en partie aujourd'hui.

de son monastère, il ne refusait point, à l'occasion, d'entrer en accommodements, préférant céder quelque chose que de recourir à des procès, toujours si dispendieux et si contraires à la charité religieuse.

La règle bénédictine, qui avait formé tant de saints à l'Eglise était, à cette époque il faut l'avouer, en pleine décadence. Benoît XII, ancien moïne de Citeaux, gémissait de cet état de choses et pour y remédier, il donne l'an 1336, la fameuse Constitution bénédictine, destinée à réformer les abus qui s'étaient glissés dans les monastères de saint Benoit et y rétablir une vie uniforme. Pour mettre ce projet à exécution, il fallait choisir des hommes pleins de zèle, de force et de prudence. Simon, abbé de Marmoutier et l'abbé de Saint-Florent de Saumur lui parurent propres à ce dessein, et le pape les nomma commissaires apostoliques dans les provinces de Tours et de Rouen.

Ceux-ci, afin d'obéir aux ordres reçus, convoquèrent aussitôt un Chapitre général dans l'abbaye de la Couture, au Mans, où ils donnèrent lecture de la bulle du Souverain Pontife à tous les abbés et prieurs des deux provinces; puis les commissaires parcoururent la contrée pour y remplir leur mandat.

Cette mission terminée, Simon eut à faire valoir l'immunité de son abbaye contre l'Archevêque de Bordeaux qui prétendait faire la visite de tous les prieurés de Marmoutier situés dans son diocèse. L'Abbé soutint ses droits avec modération mais l'affaire traina en longueur. Sa douceur lui réussit mieux auprès des évêques de Chartres, de Meaux, d'Angers et du Mans, et des archevêques de Tours, de Rouen, de Sens et de Reims, avec lesquels il s'entendit pacifiquement.

Simon de Maye était destiné aux affaires publiques : Philippe VI de Valois ayant besoin d'argent pour soutenir les frais de la guerre de Cent ans qui commençait, jeta les yeux sur l'abbé de Marmoutier pour rétablir les finances dilapidées par les molestations de Pierre des Essarts, et le nomma Intendant des finances, choix qui marque assez en quelle estime le tenait le roi de France.

Cette charge était pour lui la porte des honneurs ; peu de temps après il fut nommé d'abord évêque de Chartres, en 1357, d'où il pouvait plus facilement se rendre auprès du roi sans s'éloigner de son diocèse. Du reste, il n'oublia point, dans l'épiscopat, sa qualité de moine, et conserva un grand amour pour Marmoutier, où il voulut être enterré.

De ses mains, l'abbaye était passée entre celles de *Pierre du Puis*, issu d'une noble famille du Limousin. D'abord abbé de Meymac au diocèse de Limoges, puis abbé de Saint-Florent de Saumur, il fut enfin transféré, en 1352, à Marmoutier par ordre du pape Clément VI.

Les débuts de son gouvernement furent assez paisibles ; mais la funeste guerre entre la France et l'Angleterre apporta partout le trouble et la confusion. Fiers de leur victoire à Poitiers et de la captivité du roi Jean, les Anglais exercèrent partout d'affreux ravages. Les gens du pays, trop faibles alors pour songer à la résistance, se joignaient parfois à eux pour piller. On n'épargna ni les temples ni les monastères et l'impiété portait sa main sacrilège sur les choses les plus vénérées.

La Touraine ne fut pas exempte de ces scènes de désordre ; on ne voyait partout qu'incendies, dévastations et pillages, à ce point que la conservation de Marmoutier peut être considérée comme un vrai miracle.

Toutefois, si les Anglais épargnèrent l'abbaye, elle eut bien à souffrir de la part des bourgeois de Tours, qui, s'i-s'imaginant que les moines étaient de connivence avec l'ennemi tournèrent leur fureur contre Marmoutier et ses dépendances. Pierre du Puis eut beaucoup de peine à les arrêter et l'intervention de Philippe Blauche, archevêque de Tours, dont il était l'ami intime, lui fut très utile dans cette occasion : comme les séditieux en armes étaient postés sur la place de la cathédrale, se disposant à venir de là saccager l'abbaye, l'archevêque, animé de l'esprit de Dieu, se présenta sur une galerie au-dessus de la porte de son palais, revêtu de ses ornements pontificaux ; il harangua ces furieux et termina en fulminant une excommunication contre tous ceux qui seraient assez hardis pour aller tenter quelque entreprise contre le monastère. Ce moyen lui réussit et le peuple craignant d'encourir les foudres de l'Église, renonça à sa criminelle entreprise.

Une tradition fait mention d'un voyage que l'abbé Pierre du Puis aurait fait à Jérusalem. Mais il n'y a dans ce récit rien de certain. Il mourut à Marmoutier en 1363 après avoir gouverné la basilique pendant environ onze années.

CHAPITRE X

Gérard du Puis, frère du précédent Abbé est le premier de ceux auxquels l'histoire reproche justement d'avoir aspiré aux dignités ecclésiastiques et dissipé à leur profit les biens du monastère. C'est ce qu'il fit dès son entrée en charge et cet acte le rendit aussitôt odieux à ses religieux dont il était craint et redouté. Mis en demeure par Urbain V de restituer à son monastère une partie du trésor qu'il lui avait soustrait, il n'en fit rien, et sut même par sa science et ses qualités naturelles, se rendre nécessaire dans la conclusion de plusieurs affaires importantes touchant l'intérêt de l'Église. C'est ainsi qu'Urbain V le chargea d'aller en Bretagne afin d'y informer sur la vie et les miracles de Charles de Blois dont on poursuivait le procès de

canonisation, et que le nouveau pape, Grégoire IX, successeur d'Urbain V, l'envoya en Italie pour y exercer l'office
de trésorier du Saint-Siège ; puis il lui conféra peu après
le gouvernement de la ville de Pérouse avec le titre de
Vicaire Général.

Tandis que le Souverain Pontife donnait à l'abbé de
Marmoutier ces marques de distinction, le roi de France,
Charles V, accordait à l'abbaye elle-même une preuve
bien remarquable de son affection : renouvelant l'acte de
saint Louis qui plaçait le « Grand-Monastère » sous la
protection immédiate de la couronne, Charles V, qui cédait à ce moment la Touraine à son frère, le duc d'Anjou,
se réserva à lui-même l'abbaye de Marmoutier et tout ce
qui en dépendait.

Mais les grandes charges sont bien souvent sujettes à de
grands ennuis. Gérard du Puis ne tarda pas à l'éprouver,
car les Pérusiens se révoltèrent et le tinrent longtemps as-
siégé dans son palais. Toutefois, le pape qui connaissait
son expérience, ne laissa pas que de le récompenser en lui
envoyant le chapeau de Cardinal; on ne l'appela plus dès
lors que le « Cardinal de Marmoutier ».

La mort du pape Grégoire XI fut, comme on le sait, le
signal d'un lamentable schisme dans l'église. Les Romains
ennuyés de l'absence des Pontifes qui, depuis plus de
soixante-dix ans, résidaient à Avignon, assiégèrent simultanément le Conclave, et les cardinaux effrayés de leurs
menaces, élurent l'archevêque de Bari, Urbain VI.

Mais une fois sortis du conclave, ils prétextèrent que la
violence qu'on leur avait faite rendait nulle l'élection et
créérent un nouveau pape du nom de Clément VII. Urbain
croyant que le Cardinal de Marmoutier y avait pris la plus
grande part, le traita de schismatique et lui enleva tous ses
titres et bénéfices. Le cardinal qui ne le reconnaissait point
pour pape légitime, se mit fort peu en peine de ses cen-

sures et se retira à Avignon auprès de Clément VII. C'est là qu'il mourut en 1389, reconnaissant, mais trop tard, qu'il s'était rendu coupable de vraies injustices à l'égard de son abbaye des bords de la Loire.

Gérard Paute, son successeur, conserva une prédilection si marquée pour l'abbaye de Saint-Benoît-sur-Loire, dont il avait été Abbé, que ses nouveaux religieux l'accusèrent auprès du roi de laisser tomber en décadence les bâtiments de l'abbaye, d'en gaspiller les revenus et de l'endetter. Le bailli de Touraine, ayant vérifié l'état des choses, Gérard Paute se vit dans un si grave embarras, qu'il s'empressa de solliciter la permission d'échanger son abbaye contre celle de Saint-Serge d'Angers. Mais comme on était alors au plus fort du schisme, trois ans se passèrent pendant lesquels Gérard, fort peu soucieux du salut de ses frères, se vit en butte à leurs justes reproches. Six mois après l'autorisation reçue, il mourait dépourvu de tout bénéfice, et si pauvre qu'on put à peine trouver chez lui de quoi l'ensevelir.

Elie d'Angoulème, abbé de Saint-Serge d'Angers, était devenu abbé de Marmoutier par suite de sa permutation avec Gérard Paute (1399). Comme la communauté n'avait eu aucune part à son élection, il fut reçu avec froideur, et ne sut malheureusement pas racheter ce discrédit par la sagesse d'une bonne administration.

Telle avait été d'ailleurs la négligence de ses prédécesseurs, que l'église se trouva bientôt dépourvue d'ornements convenables pour célébrer le service divin avec la pompe et la majesté qui y avaient paru jusque là. En sorte que le monastère, se voyant dans l'impossibilité de faire face à de nouvelles dépenses, se vit obligé, dans un Chapitre général tenu en 1407, à lever une taxe sur tous les prieurés de sa dépendance. Le pape Alexandre V voulut bien confirmer cette ordonnance par une bulle spéciale.

Après vingt-quatre ans de charge, l'abbé Élie obtint de rentrer à Saint-Serge. Dieu y toucha si bien son cœur qu'il pleura ses fautes et mourut de la manière la plus édifiante.

Gui de Luro, abbé de Saint-Serge, devint à son tour abbé de Marmoutier par l'effet de ce cette permutation. Il était neveu de Gérard Paute, mais il n'hérita pas de ses défauts ; bon administrateur, il eut la gloire de conserver la paix et la charité dans son monastère au milieu d'un temps de guerres et de troubles occasionnés par la domination des Anglais.

Obligé de sortir de son cloître et de séjourner longtemps à Tours, il sut malgré son absence entretenir l'union parmi les frères, gouverner de loin son abbaye avec une extrême prudence, en sorte qu'il gagna l'affection de tous ; il trouva moyen de payer toutes les dettes, d'augmenter les revenus de son monastère, dont il releva quelques bâtiments et de nourrir quantité de pauvres ; compatissant à toutes leurs privations, il les soulageait avec une tendresse vraiment paternelle qui lui attira les bénédictions du ciel. Homme de science et plein de sagesse, il joignait à tous les talents que Dieu lui avait confiés, une humilité profonde ; ennemi du faste et de l'orgueil, il traitait avec tous comme avec des égaux, mais il savait pourtant, quand il le fallait, tenir son rang avec une intrépide fermeté.

L'an 1417 fut témoin de l'entrevue d'Isabeau de Bavière et du duc de Bourgogne qui décida le départ de la reine pour Joigny.

Après quatorze années de gouvernement, l'abbé Gui mourut à Tours (19 octobre 1426) ; son corps fut rapporté dans son monastère et enterré dans l'église.

L'élection lui donna pour successeur *Pierre Marques*, frère de Michel Marques, secrétaire du roi. Malgré la sage administration de l'abbé Gui de Luro, les guerres sanglantes avaient eu de si funestes résultat pour l'abbaye de Marmoutier, que faute de ressources, il fallut réduire le nombre de ses religieux et abandonner le service divin.

Pierre Marques pour obvier autant que possible à cet état de choses, supplia Martin V d'ajouter à la mense de Marmoutier celle de Saint-Magloire de Lehon ; mais l'enquête ordonnée par le pape à ce sujet n'ayant pas eu le résultat désiré, tout ce que l'Abbé put obtenir, ce fut une confirmation nouvelle des privilèges accordés à l'abbaye jusqu'à ce jour par les Souverains Pontifes. C'est au milieu de si graves perplexités que Pierre Marques mourut le 4 août 1453.

CHAPITRE XI

La mort de Pierre Marques arriva quand déjà les temps étaient redevenus meilleurs : l'unité s'était reconstituée dans l'Église, et la mission providentielle de Jeanne d'Arc avait rendu la France à son souverain légitime. Aussi la joie présida-t-elle à l'installation de *Gui Vigier* qui se rendit aussitôt à Rome pour y faire confirmer son élection. Cette même année eut lieu à Tours la translation solennelle des reliques de saint Martin ; cette fête, à laquelle Gui Vigier prit une grande part, attira dans la ville un concours nombreux de princes, d'évêques, d'abbés et de seigneurs.

Le nouvel élu, dont on vantait les qualités, était malheureusement ambitieux et avide de bénéfices ; non content de réunir à son abbaye plusieurs prieurés dont les revenus, disait-il, lui étaient indispensables, il obtint du pape la dignité épiscopale et se fit nommer à l'évêché de Byblis en Phénicie. Craignant toutefois de ne pouvoir conserver simultanément ces deux charges, il se démit de l'abbaye de Marmoutier, et pria le Souverain Pontife de l'adjuger à son neveu, Gui Vigier, prieur de Chemillé, ce qu'il obtint encore. Cependant, vers la fin de ses jours, le remords se saisit de son âme ; il recourut au pape Paul pour obtenir l'absolution des censures qu'il craignait avoir méritées, et mourut dans le repentir. C'est à Marmoutier qu'il reçut les derniers honneurs de la sépulture.

Le 11 septembre 1458, *Gui Vigier le Jeune* prenait possession de l'abbaye, et trois ans après, Louis XI étant monté sur le trône de France, l'abbé de Marmoutier alla lui prêter serment de fidélité à Amboise.

De retour dans son monastère, il s'appliqua à en reconstituer les revenus considérablement diminués par les dernières guerres. Son zèle fut récompensé, il parvint à son but, et fit faire, par reconnaissance, deux magnifiques châsses d'argent pour y renfermer les nombreuses reliques que possédait l'abbaye.

Charles VIII ayant succédé à Louis XI, l'abbé de Marmoutier prêta serment de fidélité au nouveau monarque et assista comme député de la province de Touraine aux États Généraux que le prince avait convoqués à Tours ; on s'y occupa des moyens à prendre pour réformer certains désordres qui s'étaient introduits dans les ordres religieux, et notamment dans celui de Saint-Benoît.

Un peu plus tard, nous voyons l'abbé de Marmoutier à Rome, puis à Jérusalem, où, avec la permission du Saint Pontife, il était allé satisfaire sa dévotion. Il rentra ensuite dans sa communauté qu'il administra pendant quarante ans.

Bien que l'observance régulière laissât fort à désirer dans les couvents à cette époque, il s'y rencontrait parfois encore des hommes distingués par la science et la vertu. De ce nombre fut P. Binet, grand prieur du monastère, qui

après deux années de sa vie mondaine dans le cloître, fut si touché de la grâce de Dieu, qu'étant allé visiter
saint François de Paule à Plessis-lès-Tours, il se convertit,
donna sa démission de grand prieur de Marmoutier et
entra dans l'ordre des Minimes dont il devint le premier
Général.

Louis Pot, déjà abbé de Saint-Laumer, évêque de Tour-
nay et de Lectoure accepta encore l'abbaye de Marmoutier
dont le titre était devenu vacant par le décès de Gui
Vigier. Intelligent et entendu aux affaires, il administra
sagement ses nombreux bénéfices ; mais il aurait mieux
fait, selon les canons de l'Eglise, de n'en posséder qu'un
seul.

François Sforce, son successeur, appartenait à l'illustre
maison du duc de Milan. Mais noblesse ne fait pas vertu,
et il lui eût été préférable de rester dans le monde que
d'entrer dans le cloître.

On l'avait placé à Marmoutier dès l'âge de dix ans, et
par suite des revers essuyés par sa famille, il s'y était fait
religieux sans en avoir la vocation. Le siège abbatial étant
venu à vaquer, à la mort de Louis Pot, le pape Jules II, à
la requête du roi de France, nomma abbé le jeune François
qui n'avait encore que quinze ans, espérant adoucir par ce
moyen le joug qu'on lui avait imposé contre son gré ; mais
en même temps, le Chapitre canoniquement réuni, avait
élu de son côté Jacques Verhu, prieur de Béré. Celui-ci,
comprenant que ses réclamations seraient vaines, consentit
à se démettre de sa charge à la condition d'être vicaire-
général de François Sforce dans l'administration du spirituel de l'abbaye, emploi que cet enfant d'ailleurs était
incapable de remplir. Cet arrangement fut accepté. Le
Vicaire général obtint de plus, pendant six mois de l'année
la collation des bénéfices dépendant de l'abbaye, tandis
que son Abbé en restait maître pendant les six autres

mois. On crut ensuite donner plus d'autorité à ce dernier en lui conférant les ordres sacrés, mais des grâces de si haut prix ne le rendirent ni plus sérieux ni meilleur. Il ne pensait qu'à se divertir et à oublier dans le plaisir les chagrins que la mauvaise fortune lui avait causés.

Une pareille conduite ne pouvait manquer d'avoir son châtiment. Le saint jour de Noël, tandis qu'au lieu d'assister aux offices avec ses religieux il était parti pour la chasse, il voulut aiguillonner son cheval pour lui faire sauter un fossé, mais violemment renversé à terre, il expira quelques instants après. Cet accident arriva près de Meslay le 25 décembre 1511. On rapporta le corps de l'infortuné prince à Marmoutieror où on lui fit de pompeuses funérailles. Mais ce n'était là, hélas, qu'un vain éclat extérieur.

Heureusement qu'avec son successeur, *Mathieu Gautier*, on vit refleurir la piété particulièrement requise dans l'éminente charge d'Abbé. Tous les religieux s'étaient réunis dans l'église pour procéder à la nouvelle élection, lorsque l'un d'entre eux, providentiellement inspiré se leva et étendant les mains vers le ciel il proclama bien haut que, pour lui, il élisait comme Abbé, Mathieu Gautier, prieur de Saint-Martin du Val. Ce vote fut unanimement confirmé par les suffrages des autres religieux, et Mathieu Gautier déclaré canoniquement élu par voie d'inspiration divine.

Ce choix excellent reçut bientôt l'approbation du pape et fut très agréable au roi. La régularité de la discipline et l'esprit religieux refleurirent à Marmoutier dans une certaine mesure. Aussi, Charles de Billy, abbé de Saint-Faron de Meux, ayant conçu la pensée de réformer son monastère, pria-t-il l'abbé Gautier de lui envoyer quelques-uns de ses meilleurs religieux.

En même temps que l'édifice spirituel reprenait un nouveau lustre à Marmoutier ; on s'occupait également d'embellir encore l'édifice matériel. L'église fut restaurée, et c'est de cette époque 1526, que datait la construction d'un Jubé dont le travail était, paraît-il, d'un prix inestimable. Il fut détruit à la Révolution.

Le nouvel Abbé pourvut de plus l'église de magnifiques vases sacrés et s'appliqua à rendre honneur aux reliques des saints. Mais c'est surtout envers sainte Anne qu'éclata sa dévotion. Il fit célébrer sa fête avec la même solennité que celle de saint Martin, et ayant obtenu de l'église de N.-D. de la Gaye, au diocèse de Troyes, qui possédait le chef de cette grande sainte, une portion de l'insigne relique, il fit construire une chapelle spéciale pour la recevoir et voulut y être enterré.

Un acte étrange marqua le gouvernement si sage de Mathieu Gautier : par un traité conclu avec Philippe Huraut, abbé de Bourgueil (1536), il lui céda son abbaye de Marmoutier, tandis que Philippe, en compensation, lui abandonnait un certain nombre de prieurés pour en toucher les revenus, et lui laissait sa vie durant la collation de tous les bénéfices dépendant de Marmoutier (1).

Enfin l'année suivante, l'évêché de Négrepont étant venu à vaquer, le pape Paul III le donna à Mathieu Gautier, et lui permit de garder en même temps ses autres bénéfices. L'évêque de Négrepont vécut jusqu'en 1552 et mourut dans sa maison abbatiale de Loroux, d'où son corps fut rapporté à Marmoutier et enterré selon son désir dans la chapelle de Sainte-Anne. On lui éleva un tombeau d'une architecture simple et noble, sur lequel était gravée cette épitaphe :

« Ci-gît Rev. Père en Dieu, Mathieu Gautier, évêque de

(1) Ces sortes de mutations devenaient de plus en plus fréquentes et devaient avoir des conséquences funestes.

Négrepont, jadis abbé de céans, lequel décéda le 15 juillet de l'an 1552, âgé de quatre-vingt-cinq ans. »

Philippe Huraut, pourvu déjà des abbayes de Saint-Nicolas d'Angers et de Bourgueil sans compter un certain nombre de prieurés, ne se contenta point de ce qu'il possédait, mais faisant taire tout scrupule de conscience, il avait accepté, comme nous l'avons vu, l'abbaye de Marmoutier. Il ne la posséda pas longtemps, et mourut à Paris le 15 novembre 1539. Selon quelques-uns, il aurait été empoisonné; cette mort pourrait bien avoir été le châtiment du soin qu'il mit toujours à s'acquérir les biens de la terre. On le compte pour le dernier abbé régulier de Marmoutier.

TROISIÈME PÉRIODE

DEPUIS L'INSTITUTION DES ABBÉS COMMENDATAIRES JUSQU'A LA RÉVOLUTION ET LA RUINE DU MONASTÈRE (1540-1797)

CHAPITRE PREMIER

C'est vers le milieu du XVIᵉ siècle que la grande abbaye passa à son tour sous le régime des Abbés commendataires (1); cette innovation désastreuse devait y encourager un relâchement et un désordre que les protestants viendront encore aggraver. Il faudra atteindre la date du saint concile de Trente pour assister à l'œuvre importante de la réforme monastique.

Le premier abbé commendataire de Marmoutier fut le *Cardinal Jean de Lorraine.* Il n'avait que dix ans lorsqu'il fut nommé évêque de Metz; sept ans après il joignait à cet évêché ceux de Toul et de Boulogne. Créé alors cardinal par Léon X, il devint de plus archevêque de Narbonne, et

---

(1) On désignait sous le nom de Commende un bénéfice que le pape conférait à un ecclésiastique nommé par le roi.

successivement encore évêque de Valence, de Verdun, de Luçon, abbé de Fécamp, de Cluny, administrateur de l'archevêché de Reims, évêque d'Alby, archevêque de Lyon, et enfin abbé de Marmoutier. On se demande si jamais homme a cumulé sur sa tête un plus grand nombre de titres et de bénéfices.

Ce fut le 26 avril 1540, près de six mois après la mort de Philippe Huraut que le cardinal prit possession par procureur de l'abbaye de Marmoutier. Un abus en appelle un autre : le cardinal de Lorraine, imitant des exemples donnés avant lui, distribua quelques uns de ses prieurés à plusieurs de ses gens qui en absorbèrent bientôt tous les revenus au détriment de l'abbaye dont ces monastères dépendaient. Alors on vit se produire un gaspillage universel des biens de la communauté, et les moines parfois réduits à une extrême disette. Qu'on était loin alors de l'époque florissante et bénie d'un Hervé de Villepreux ou d'un Geoffroy de Coursol !

Le Cardinal de Lorraine mourut en 1550 et eut pour successeur son neveu *Charles de Lorraine.*

Dieu qui voulait faire de celui-ci un des ornements de son Eglise, lui donna les talents dignes de sa naissance et des dignités que lui réservait l'avenir; un esprit vif et pénétrant, un naturel doux et bon, des inclinations pour la vertu, un grand amour pour les sciences et les gens de lettres ; l'air de la cour ne le corrompit pas, et par sa haute sagesse et ses vertus recommandables il s'attira l'admiration universelle.

Archevêque de Reims depuis l'âge de seize ans, créé cardinal en 1547 par le pape Paul III, pourvu des abbayes de Marmoutier, de Saint-Denis, de Cluny, de Fécamp, de Saint-Remy de Reims, et de plusieurs autres encore, il fut employé dans toutes les grandes affaires de l'Etat, et eut l'honneur de sacrer successivement les rois Henri II, Fran-

çois II et Charles IX. Adversaire déclaré des Huguenots il
se fit particulièrement remarquer au Concile de Trente ; sans
reproche dans sa conduite privée, il portait le cilice et
jeûnait deux fois par semaine, et avec cela, prêchait souvent et remplissait.dignement tous les devoirs de sa charge
épiscopale.

Tel était le cardinal Charles de Lorraine. Il ne négligea
pas Marmoutier et s'appliqua tout au contraire à y maintenir la régularité de la discipline, mais il ne put empêcher
l'invasion désastreuse qu'y firent les protestants en 1562 et
que Dieu permit sans doute, pour servir de leçon aux religieux et les punir de leur relâchement. On aurait peine à
se faire une idée du vandalisme sacrilège exercé par ces
fanatiques impies, si les faits n'étaient malheureusement là
pour en fournir les preuves ; l'abbaye fut pillée de fond en
en comble ; tous les ornements et les vases sacrés de l'église
furent emportés ; les orgues démolies, les vitraux défoncés,
les sculptures brisées, les corps saints et les reliques insignes
brûlés par ordre du chef de ces forcenés, le comte de la
Rochefoucauld, qui avait déjà livré aux flammes le corps
de saint Martin. En un mot, les huguenots saccagèrent tout
ce qui avait principalement un caractère plus sacré et dé-
truisirent en un moment l'œuvre de plusieurs siècles pour
s'enrichir indignement des trésors offerts par les fidèles à
Dieu et à ses serviteurs.

Cette lamentable tragédie dura plus de trois mois, jusqu'à ce qu'enfin le duc de Montpensier s'étant rendu maître
de la ville de Tours, chassa les séditieux et rétablit l'ordre.
Les moines, obligés de chercher un asile hors du cloître y
rentrèrent alors et s'efforcèrent de recueillir les rares débris
échappés au naufrage, grâce à la présence de quelques
vieux moines qui avaient refusé de suivre leurs frères au
loin. C'est à grand'peine qu'on parvint à trouver quelques
reliquaires, un certain nombre de vases sacrés et d'orne-

ments, ainsi que la sainte Ampoule (1) qui avait été heureusement mise en dépôt chez un notaire. Pour prévenir de nouveaux pillages, on eut soin de confier ce qui restait de l'argenterie du monastère à un particulier, de la probité duquel on était sûr. Il scella dans une fenêtre le trésor qui y demeura caché pendant deux ans.

Lorsque le cardinal Charles de Lorraine eut appris la nouvelle de ce désastre, il s'efforça de pourvoir à la subsistance de ses religieux; mais tout occupé des grandes affaires de l'Eglise et de l'Etat, il prit le parti de résigner son abbaye entre les mains de *Jean de la Rochefoucauld,* son proto-notaire apostolique et frère de ce comte de la Rochefoucauld qui avait pris une si grande part au pillage du monastère. Il ne pouvait jeter les yeux sur un homme plus capable de mener à bonne fin la tâche qui lui était confiée. Le cardinal de Lorraine, survécut plus de dix ans à cette résignation, et après avoir accompli plusieurs grandes actions qui appartiennent à l'histoire générale de la France, il mourut à Avignon en 1574.

Le nouvel Abbé n'eut pas plus tôt pris possession de son bénéfice (1563) qu'il s'appliqua avec zèle à en réparer les ruines et à lui rendre au moins une partie de son ancien lustre. Il fit faire un inventaire de ce qui restait du trésor, pourvut l'église de tout ce qui lui manquait, et craignant de nouveaux troubles, il ordonna que tout fut porté momentanément au château d'Amboise comme en un lieu parfaitement à l'abri des tentatives des perturbateurs.

La mort du roi Charles IX fit, en effet, renaître les troubles ; les seigneurs recommencèrent à lever la tête, et

(1) La Sainte Ampoule était une fiole miraculeuse apportée, dit-on, du ciel par un ange à saint Martin un jour où le Thaumaturge avait été précipité par le démon du haut d'un escalier. Le messager divin oignit les membres fracturés avec ce baume précieux et les blessures de l'Eve ue furent guéries.

les moines effrayés, prescrivirent des processions trois fois par semaine, pour apaiser la colère de Dieu.

Un des événements les plus importants survenus à Marmoutier sous l'abbé de la Rochefoucauld, fut l'érection de la congrégation gallicane des Bénédictins, autrement appelée Congrégation *des Exempts*. En voici l'origine : Le Concile de Trente avait prescrit aux divers monastères soustraits par privilège à la juridiction des Evêques et immédiats du Saint Siège ou bien de s'unir en congrégation, ou bien de se soumettre aux Evêques dans le diocèse desquels ils étaient situés. L'assemblée des Etats tenue à Blois en 1569, renouvela cette ordonnance et le grand prieur de Marmoutier se mit en devoir d'y satisfaire. Il écrivit pour cela à un certain nombre de monastères de France les invitant à envoyer quelques-uns de leurs religieux au Chapitre général qui devait se tenir à Marmoutier en 1580, afin qu'on pût concerter ensemble les mesures à prendre pour s'unir en congrégation. Les députés après être retournés dans leurs communautés respectives, pour y faire leur rapport, se retrouvèrent au bout de quelques semaines non plus à l'abbaye de Marmoutier, mais au prieuré de Lévière (1) dépendant de l'abbaye de Vendôme. Là, après la célébration de la messe du Saint-Esprit, les différents monastères, par l'agence de leurs représentants, consentirent à s'unir en congrégation sans pourtant se donner autorité les uns sur les autres, et promirent respect et soumission au général et aux provinciaux qui seraient élus pour visiter chaque province. Les députés emportèrent copie des statuts dans chacune de leurs maisons où après avoir été revus, l'on convint, d'une dernière réunion à Ven-

(1) Probablement l'Esvière, aujourd'hui maison dépendant de l'évêché d'Angers.

dôme où ils seraient approuvés au nom de toute la congrégation.

Grâce à la mauvaise volonté du Cardinal de la Chambre,
Abbé commendataire de Vendôme, cette assemblée se tint
non pas dans la ville qui avait été fixée, mais à Lancey, dépendant de Marmoutier. On y fit l'élection du Général et des
six visiteurs ; et la congrégation, à laquelle s'unirent bientôt
de nouveaux monastères, fut divisée en six provinces. A
celle de Touraine, qui nous intéresse spécialement, appartenaient les monastères de Marmoutier, de Redon, de
Sainte-Mélaine de Rennes, de Saint-Gildas de Ruis, de
Saint-Gildas des Bois, de Blanche Couronne, de Sainte-
Croix de Quimperlé, du Tronchet, de la Chaume, de Lan-
devenec, de Latenac et de Lehon. — Les autres provinces
étaient celles de Sens, de Bourges, de Lyon, d'Aquitaine
et de Toulouse.

Le 26 mai 1583, l'abbé Jean de la Rochefoucauld, mourait à son château de Vertuel, au diocèse de Poitiers.
mais il fut enterré à Marmoutier où on lui fit des obsèques
magnifiques.

Tous les religieux, précédés de deux cents pauvres
et tenant à la main des torches aux armes du défunt,
allèrent faire la levée du corps en l'église de Saint-Symphorien des Ponts. A leur entrée dans l'église abbatiale de
Marmoutier, ils trouvèrent les chanoines de Saint-Gatien
et de Saint-Martin déjà réunis pour la cérémonie, après
laquelle le corps de l'Abbé fut descendu dans un des ca-
veaux de l'église, et pendant toute la semaine, les deux
Chapitres de la ville et chacun des Ordres mendiants vinrent
chanter une grand'messe à Marmoutier pour le repos de
son âme.

Tous s'accordent à rendre cette justice à Jean de la Rochefoucauld que, en dépit de son titre d'Abbé commendataire, il vécut avec ses religieux comme un véritable

régulier, et eut toujours pour eux la tendresse d'un père. Plein de charité et de miséricorde, il fit beaucoup de bien aux pauvres et aux orphelins. Il visitait lui-même les malades et les prisonniers et accomplit encore une infinité d'autres bonnes œuvres qui ont fait bénir sa mémoire.

Comme à cette malheureuse époque, la faveur était pour beaucoup dans la distribution et la collation des bénéfices, *Jacques d'Avrily* obtint l'abbaye de Marmoutier à la mort de Jean de la Rochefoucauld. Il n'avait d'autre mérite que d'être frère d'un favori du duc François de Valois (1), et soutint son rang pendant la vie de son protecteur. Mais à la mort de celui-ci, l'Abbé commendataire résigna son abbaye entre les mains du cardinal de Joyeuse, moyennant une pension de 2.000 écus prélevés sur les revenus de Marmoutier.

CHAPITRE II

François de Joyeuse, de l'illustre maison de ce nom, n'était pas seulement un grand seigneur, c'était encore un savant. Reçu fort jeune docteur en Sorbonne, il fut pourvu, à vingt-deux ans de l'archevêché de Narbonne, et deux ans après créé cardinal par le pape Grégoire XIII. Pour pouvoir soutenir sa dignité, il devint titulaire de plusieurs gros bénéfices parmi lesquels se trouvait l'abbaye de Marmoutier. Il avait alors vingt-cinq ans. C'est lui qui, comme don de bienvenue, fit bâtir la chapelle du logis abbatial de Rougemont.

Cependant ses moines qui ne supportaient qu'avec peine de faire partie de la Congrégation gallicane, voulurent pro-

(1) F. de Valois était frère de Henri III.

fiter du crédit de leur Abbé pour obtenir d'en être séparés. Ils lui représentèrent donc que ieur Abbaye étant un chef d'ordre, ne pouvait être soumise à cette congrégation sans déroger à ce titre illustre et sans perdre ses privilèges. Le cardinal se rendit à leurs observations et recut du roi des lettres patentes qui détachaient Marmoutier de la Congrégation gallicane. Mais les supérieurs vicaires ayant déclaré que leurs visites n'avaient pas d'autre but que la correction des mœurs et l'observance des règles, les religieux de Marmoutier furent obligés, malgré eux, de subir le prétendu joug qu'ils avaient voulu secouer.

Se tournant alors d'un autre côté, ils adressèrent au roi une humble requête au sujet des commendes dont ils faisaient voir avec raison les dangers et les abus et lui demandèrent d'apporter à ce mal le remède convenable, en rétablissant la régularité des charges dans les cloîtres.

Ces réclamations si justes qu'elles fussent n'aboutirent pas, le roi Henri III étant venu à mourir sur ces entrefaites. Il eut pour successeur Henri IV. Celui-ci, après avoir abjuré l'hérésie, se fit sacrer à Chartres (1594) ; et comme la ville de Reims, où était conservée la Sainte-Ampoule tenait encore pour la Ligue, on recourut à celle de Marmoutier dont l'origine était également céleste.

Le lieutenant-général du roi en Touraine, M. de Souvré, accompagné du maire et des échevins de la ville de Tours, se présenta au monastère le 29 janvier 1594, pour y demander la précieuse relique. Après que tous l'eurent baisée avec respect, on la porta solennellement en l'église cathédrale, où elle fut reçue par le doyen et les chanoines tous revêtus de la chape et déposée sur l'autel.

Le jour suivant, eut lieu une procession générale pour la transporter de l'église cathédrale en la basilique de Saint-Martin. A cet effet, les religieux de Marmoutier se rendirent dès le matin à Saint-Gatien où se trouvèrent également ceux de Saint-Julien, tous les curés de la ville et les quatre Ordres mendiants. Puis la procession se mit en marche. A Saint-Martin, la messe fut chantée en musique et célébrée par un chanoine de Saint-Gatien, après quoi on y laissa la Sainte-Ampoule en dépôt jusqu'au jour fixé pour le départ.

Ce fut le 14 février que la députation se mit en route ; mais auparavant, le Lieutenant-Général promit publiquement, sur sa personne et ses biens, qu'il rendrait au « Grand-Monastère » le trésor qu'on lui réclamait en ce jour. Alors seulement, on enleva la Sainte-Ampoule de la basilique et on la porta, toujours avec une grande solennité, en l'église Saint-Symphorien, à l'extrémité des ponts de Tours, où elle fut gardée par quatre religieux. Le 17, la députation arriva à Vendôme, où l'huile sainte fut reçue avec le même cérémonial par les moines de l'abbaye de la Trinité, qui lui donnèrent asile dans l'armoire dite de la Sainte-Larme, dont, par honneur, on confia la clef à un religieux de Marmoutier. Le 19, on était enfin à Chartres.

A la porte appelée des Épars, une multitude de comtes et de barons, au milieu desquels se voyait l'évêque d'Angers, les religieux de Saint-Père en Vallée, les chanoines de Chartres et le clergé des sept paroisses de la ville, firent cortège à la sainte relique jusqu'en l'église Saint-Père en Vallée (1), au son de toutes les cloches. Partout sur le passage, les rues étaient tendues comme pour la procession du Saint-Sacrement. Ce fut le 27 février qu'eut lieu la cérémonie du sacre. Ce jour-là, on vint chercher la Sainte-Ampoule à Saint-Père, pour la transporter à la cathédrale de Notre-Dame; mais ici encore, les trois religieux qui en étaient constitués gardiens, ne consentirent à la livrer

---

(1) Saint-Père ou Saint-Pierre, aujourd'hui une des églises paroissiales de Chartres.

qu'après que les envoyés du roi, eurent promis, sous la foi du serment, et sur les saints Évangiles, de la leur rendre après la cérémonie. Quatre notables furent, à cet effet, laissés dans le monastère en otages. La Sainte-Ampoule était portée par un moine en aube, monté sur une haquenée blanche, sous un dais de même couleur, semé de fleurs de lis d'or. A la porte de la cathédrale, elle fut remise entre les mains de l'évêque de Chartres, Nicolas de Thou, qui devait faire couler le saint Chrême sur la tête du roi récemment converti. En souvenir de ce jour, Henri IV fit don à l'abbaye d'une très belle émeraude, enchassée dans un anneau d'or.

Telle fut cette mémorable translation dont les détails prouvent le haut prix qu'on attachait alors à la Sainte-Ampoule. Nous ne décrirons pas le retour. Notons seulement qu'avant d'être réintégrée à Marmoutier, l'insigne relique fut déposée en l'église Saint-Pierre-des-Corps puis portée, toujours avec les marques du plus profond respect, à la cathédrale où la messe fut chantée comme la première fois. Après quoi, les chanoines et tout le clergé réuni de la ville la reconduisirent processionnellement jusqu'à l'église de Saint-Symphorien. Là enfin, les moines religieux de Marmoutier reprirent seuls la route du monastère (1).

Cependant le riche patrimoine du Cardinal de Joyeuse ne suffisait pas à soutenir son luxe et ses prodigalités excessives; il se saisit donc à plusieurs reprises des biens de son abbaye, au grand préjudice de ses religieux, et au lieu de répondre aux justes remontrances que ceux-ci lui présentèrent avec humilité, le cardinal fit dresser à leur insu

(1) Au XVIIe siècle, on possédait encore la Sainte-Ampoule à Marmoutier. En 1791, aux approches de la Révolution, les députés du département d'Indre-et-Loire, en firent hommage au roi Louis XVI. On ignore ce qu'elle est devenue depuis cette époque. Chalmel, dans son histoire de Touraine, dit qu'elle fut brisée en 1793.

des baux à ferme des revenus de Marmoutier. Ils s'adressèrent alors aux Maîtres des requêtes royaux et obtinrent
que désormais le Cardinal ne ferait plus aucun bail que de
concert avec le Chapitre de Marmoutier, selon l'ancienne
coutume, et qu'il s'engagerait à leur fournir, sur les revenus de l'abbaye, tout ce qui leur serait nécessaire pour la
nourriture et le vêtement.

Deux ans après, le cardinal lui-même vint passer les fêtes
de Pâques à Marmoutier. Il officia le jour de la solennité
et prit son repas au réfectoire avec les moines. Mais combien
bien étaient tombées en désuétude les austères observances
de la règle de saint Benoît.

Pourtant au milieu du relâchement universel, il se ren-
rencontra encore à Marmoutier un petit nombre d'âmes
qui avaient conservé la ferveur primitive et dont les aspi-
rations généreuses donnèrent naissance à la *Société dite de
Bretagne*. Six religieux, voyant le peu de succès obtenu
par l'érection de la Congrégation gallicane, dont les statuts
d'ailleurs étaient fréquemment violés, se résolurent à adopter
une véritable réforme. Dans ce but, ils vinrent trouver le
R. P. Dom Isaïe Jaunay, général de la congrégation, qui
se trouvait alors à Marmoutier, et le supplièrent d'approu-
ver et de favoriser le simple dessein qu'ils avaient conçu
d'accomplir fidèlement des vœux prononcés à la face des
autels, d'observer exactement tous les points de la règle de
saint Benoît et d'expier enfin, par une sérieuse pénitence
les fautes qu'ils avaient pu commettre en la violant. Ils lui
demandèrent pour cela la permission de se séparer de la
communauté, afin de pouvoir mettre à exécution leur
projet, et pratiquer entre eux les exercices de la vie re-
gulière.

Cette requête eut tout l'effet qu'ils pouvaient en attendre.
Dom Isaïe Jaunay qui avait jadis fait son noviciat à Marmoutier et qui unissait à une science profonde une émi-

nente vertu, leur accorda la permission demandée et eut même la pensée de se joindre à eux.

Les six religieux, dont l'histoire a conservé les noms, se retirèrent dans les bâtiments de l'infirmerie qui leur servit de monastère, tandis que la chapelle de saint Benoît leur tenait lieu d'église et la salle saint Benoît de réfectoire. Là ils commencèrent à mener une vie angélique, trop sainte pour ne pas exciter la haine des malins esprits et la jalousie de ceux qui n'avaient ni le désir ni le courage de les imiter. Aussi les persécutions dont ils devinrent bientôt l'objet, leur firent-elles comprendre que le séjour de Marmoutier était devenu impossible pour eux.

Loin de se décourager, ils envoyèrent des députés à Henri IV pour le supplier de favoriser leur pieuse entreprise et de leur octroyer un monastère dans son royaume, où ils pourraient sans entraves mettre leur projet à exécution. Le prince leur fit un accueil digne de sa bonté et leur désigna le prieuré de Lehon, près de Dinan, en Bretagne. Le site était des plus sauvages et les bâtiments en partie ruinés. Mais cette perspective ne fit pas peur à des hommes déterminés et pleins de l'esprit de Dieu. Ils obtinrent facilement du grand prieur et des moines de Marmoutier, dont ce prieuré dépendait, la permission de s'y établir et les six moines réformés s'éloignèrent de leur chère abbaye, non sans jeter un dernier regard plein de tristesse sur les murs qu'ils abandonnaient et qui jadis avaient renfermé tant de sainteté et de vertu !

A Lehon, nouvelle difficulté : malgré les ordres reçus, les religieux qui habitaient encore le prieuré, firent de grandes difficultés pour l'abandonner ; l'un d'entre eux, qui portait le titre de recteur de la paroisse n'y voulut jamais consentir et mit tout en œuvre pour soulever contre les nouveaux venus le grand prieur de Marmoutier et ses frères. Il fallut que le général de la Congrégation gallicane en vint à excommunier l'indigne recteur de Lehon, qui finit par se soumettre et mourut peu de temps après.

Les œuvres de Dieu ne s'affermissent que par la contradiction ; celle-ci en est une nouvelle preuve ; la régularité et la ferveur se développèrent sans entraves dans le monastère réformé sous la conduite du R. P. Dom Noël Mars, jadis élève du collège de Marmoutier à Paris, homme de grand mérite et d'une éminente sainteté, qui reçut le titre de prieur.

Le Général de la Congrégation gallicane, Dom Isaïe Jaunay, vint quelque temps après à Lehon et tous les religieux renouvelèrent leurs vœux entre ses mains. Puis il dressa pour eux des constitutions qui furent approuvées l'année suivante par l'illustre cardinal de Sourdis, archevêque de Bordeaux, auquel le pape avait donné commission de travailler à la réforme de l'ordre de saint Benoît. Le R. P. Jaunay, avant de partir, établit le P. Noël Mars son vicaire-général en Bretagne et lui donna toute autorité pour visiter et réformer les monastères de l'ordre dans toute l'étendue de la province. La réforme du monastère du Tronchet, qui s'accomplit peu de temps après, et son union avec celui de Lehon, donnèrent naissance à ce qu'on appela la Société de Bretagne, qui prit bientôt un réel accroissement et qui exerça dans toute la région une influence des plus salutaires (1).

Ainsi, ce fut cet essaim sorti de Marmoutier qui eut la gloire d'accomplir cette belle œuvre de régénération, au moins partielle.

Les derniers événements survenus sous le gouvernement du cardinal de Joyeuse ont trait à l'établissement de deux

---

(1) La Société de Bretagne parvint à faire refleurir la régularité dans six monastères, et eut le rare mérite de ne s'être jamais relâchée de sa première ferveur.

communautés religieuses l'une à Tours, l'autre à Paris, auxquelles l'abbaye de Marmoutier concéda des terrains qui lui appartenaient. Ce furent d'abord des RR. PP. Capucins qui demandèrent et obtinrent le lieu dit « Saint-Nicolas » sur la paroisse Saint-Symphorien, à Tours (1); puis les Carmélites qui s'établirent au prieuré de Notre-Dame des Champs, à Paris. Ainsi comme par un châtiment de Dieu, de nouveaux ordres religieux tendaient à remplacer peu à peu celui de Saint Benoît déchu presque partout de sa première ferveur.

L'année suivante, le cardinal de Joyeuse permuta son abbaye de Marmoutier pour l'archevêché de Rouen. Il eut bien quelque peine à s'y résoudre, mais il ne voulut point aller contre la volonté du roi. Nous le voyons en 1610, couronner à Saint-Denys, la reine Marie de Médicis, donner plus tard la confirmation au dauphin Louis XIII et enfin le sacrer à Reims. La pluralité des bénéfices qu'il avait possédés, inspirant des inquiétudes à sa conscience, il se défit de tous avant sa mort et s'appliqua à faire de bonnes œuvres. C'était un bel exemple pour ce temps. Du reste, le cardinal de Joyeuse avait, il faut le reconnaître, de très belles qualités. On remarquait en lui beaucoup d'esprit et de bonté. Il était large et bienfaisant et il signala plusieurs fois sa piété par des fondations religieuses qui sont restées comme autant de monuments très honorables à sa mémoire.

---

(1) Le Couvent des Capucins n'existe plus aujourd'hui, mais le domaine qu'ils ont habité, à Saint-Symphorien, jusqu'à la Révolution, porte encore leur nom.

CHAPITRE III

Tandis que le cardinal de Joyeuse prenait possession de l'archevêché de Rouen, le titulaire de cette église, Charles de Bourbon, frère de Henri IV, recevait en échange l'abbaye de Marmoutier, où il mena une vie très retirée, loin des affaires du monde et des intrigues de la cour. Il enrichit la tour de l'église de quatre grosses cloches auxquelles on donna les noms de Benoît, Martin, Fulgence et Corentin (1608) dix-huit ans auparavant, un incendie fortuit, survenu par la négligence du sonneur, avait fondu les six belles cloches qui existaient alors et brulé le clocher dont la flèche, toute de pierre de taille, s'était écroulée sous l'intensité du feu, crevant dans sa chute une des voûtes du portique de l'église et renversant la chapelle des Sept-Dormants.

L'hiver de cette même année fut mémorable. Le froid était si rigoureux que l'on vit sur la Loire des glaçons d'une épaisseur de plus de quatre mètres qui, à la débâcle, renversèrent les ponts de pierre de Tours. Les murailles de l'enclos de Marmoutier furent en partie jetées par terre et la crue fut si grande que l'eau monta dans les cloîtres jusqu'à deux mètres de hauteur. Ce désastre se répéta deux fois dans l'année.

L'abbé Charles de Bourbon, témoin de cet accident, parut s'en préoccuper fort peu. Au bout de six années, et n'ayant d'ailleurs rien fait de bien considérable, il mourut à Rougemont le 14 juin 1610.

Il eut pour successeur *Sébastien Dori Galigaï*, aumônier de la reine Marie de Médicis, et beau-frère du maréchal d'Ancre. Le nouveau titulaire prit possession de l'Abbaye le 8 juillet 1610, et en jouit paisiblement jusqu'en 1617, où il devint archevêque de Tours. Pendant cette durée, Dom Isaïe, général de la Congrégation gallicane, toujours plein de sollicitude pour le bien des monastères dont il avait la surveillance, persuada au nouvel Abbé d'appeler auprès de lui les Pères de la Société de Bretagne, afin de faire revivre à Marmoutier le véritable esprit de saint Benoît (1). C'était le plus grand bien qui pût lui arriver. Dom Sébastien Galigaï goûta cette proposition, et appela douze religieux de la Société de Bretagne qu'il reçut dans son logis abbatial de Rougemont. Ils y célébrèrent l'office divin dans sa chapelle, attendant l'heure favorable pour rentrer pacifiquement au « Grand-Monastère ». Mais, nonobstant les efforts louables de l'Abbé, on ne put y parvenir : les anciens chassèrent de Rougemont les pères de Lehon, et la réforme ne put s'accomplir cette fois encore. Dans sa miséricorde, Dieu ménageait pourtant cette grâce à la célèbre abbaye, mais elle ne devait lui venir que plus tard et par l'entremise de la congrégation de Saint-Maur.

L'abbaye se trouvant vacante, le roi y nomma *Alexandre de Vendôme*, fils naturel de Henri IV, chevalier de Malte et grand prieur de France. Il n'avait que dix-neuf ans et était de plus abbé de Saint-Lucien de Beauvais et de Saint-Faron de Meaux. Le pape Paul V lui expédia ses bulles le 21 mai 1617, et il prit ensuite possession de son abbaye dont il jouit en paix jusqu'à sa mort.

De son temps, l'évêque de Quimper vint à Marmoutier demander aux religieux de vouloir bien lui accorder, pour son église cathédrale, quelques reliques de saint Corentin,

(1) Ce coup hardi indisposa contre Dom Jaunay les monastères qui avaient peur de la réforme. On lui enleva sa charge, mais le nouveau général le prit pour vicaire et lui donna toute son autorité. Il exerça cet office avec édification jusqu'à sa mort qui arriva à Marmoutier en 1619.

premier évêque et patron principal de ce diocèse (1). La juste requête de l'évêque fut agréée, et l'église de Quimper rentra ainsi en possession d'une partie au moins de son trésor.

Après l'abbé de Vendôme qui mourut à l'âge de trente ans (1629), Marmoutier passa durant quelques mois entre les mains du *Cardinal de Bérulle*, fondateur de la Congrégation de l'Oratoire, et digne par sa prudence et sa haute sagesse de réaliser le dessein de réforme qu'il avait conçu en recevant l'abbaye ; mais Dieu ne lui en donna pas le temps ; il mourut le 2 octobre de la même année, laissant à son successeur le soin de mettre à exécuion son grand et pieux projet.

Ce successeur n'était autre que le célèbre ministre de Louis XIII, *Armand du Plessis, Cardinal de Richelieu*.

Comme l'abbaye était tenue pour un chef d'ordre, le tout puissant ministre l'obtint du roi, bien qu'il fût déjà pourvu de Cluny et bientôt après de Citeaux et de Prémontré.

A cette époque, la licence des moines était devenue telle qu'on ne pourrait rapporter sans rougir les ordonnances que les supérieurs étaient obligés de faire pour en arrêter le cours. Le cardinal de Richelieu résolut d'apporter au mal un prompt remède et de faire revivre à Marmoutier l'esprit de saint Martin, de saint Mayeul et des Abbés qui l'avaient gouverné autrefois. Voyant que ses propres ordonnances, un instant observées, demeuraient bientôt lettre morte, il donna mission à quelques religieux réformés de Cluny de rétablir l'observance parmi ceux de Marmoutier. Mais les relâchés refusèrent de les

---

(1) On se rappelle que le corps de saint Corentin avait été porté à Marmoutier, au commencement du xᵉ siècle, pour le soustraire aux déprédations des Normands.

recevoir, prétextant que l'abbaye, en vertu des privilèges concédés par les Souverains Pontifes et les rois, ne pouvait se soumettre à des étrangers, et proposant au cardinal de prendre plutôt dans leur propre corps des personnages capables de mener à bonne fin l'entreprise.

Richelieu, voyant là avec raison une fin de non-recevoir, rejeta cette proposition et leur accorda seulement le choix de l'ordre qui les réformerait. Les religieux de Marmoutier, assemblés en Chapitre, demandèrent les pères de la Congrégation de Saint-Maur, et Richelieu sans se laisser arrêter par les insolences des plus jeunes de la communauté, passa immédiatement un concordat avec le supérieur de la congrégation proposée, par lequel l'abbaye de Marmoutier était réunie à celle de Saint-Maur (4 mai 1637).

Le commissaire royal muni de lettres patentes se rendit lui-même à Marmoutier, et ayant fait rassembler les religieux au son de la cloche, il leur donna lecture des lettres de Sa Majesté et de la teneur du concordat passé par le cardinal de Richelieu avec la congrégation de Saint-Maur. Tous se soumirent alors, et les Pères réformés, au nombre de vingt-quatre, entrèrent dans l'église abbatiale en chantant le *Veni Creator*.

Jusque là tout s'était bien passé; mais lorsque la nuit fut venue, quelques récalcitrants se mirent à parcourir les cloîtres en faisant un affreux tapage ; il fallut que, le lendemain le commissaire royal fît saisir les mutins, de simples novices pour la plupart, et les renvoyât du monastère. Bientôt, l'exemple des Pères réformés fit une telle impression sur l'esprit des anciens, que non seulement ils n'opposèrent plus la moindre résistance, mais qu'ils se déterminèrent eux-mêmes à résigner la plupart de leurs offices claustraux.

La réforme étant ainsi accomplie, le R. P. Dom Antonin Potier fut établi premier grand prieur. C'était un homme d'un rare mérite, qui joignait une solide piété à une grande connaissance des affaires. Il avait pris l'habit à Marmoutier et avait abandonné un peu plus tard cette communauté relâchée, pour entrer dans la fervente congrégation de Saint-Maur. Ainsi Dieu le récompensait de sa générosité et lui donnait la consolation de voir réalisé l'un de ses plus chers désirs.

Il y maintint la régularité qui venait d'y rentrer, et il ne lui manqua qu'une plus longue vie pour consolider parfaitement son œuvre. Il mourut en odeur de sainteté à l'âge de cinquante-cinq ans.

Avec la fidélité à la règle refleurit la piété, et l'on pensa tout d'abord à se procurer des reliques du saint fondateur de Marmoutier, modèle si parfait de la vie monastique. Les Huguenots, comme nous l'avons vu, avaient indignement brûlé celles que possédait autrefois l'abbaye, mais Cluny, depuis saint Odon, en conservait une partie assez notable ; or, comme les deux communautés se trouvaient placées sous le même titulaire, on profita de cette coïncidence pour adresser une requête aux religieux de Cluny dans le but d'obtenir les reliques désirées. Le Cardinal autorisa volontiers cette demande, et Cluny envoya à Marmoutier le radius du bras de saint Martin.

La réception se fit d'une manière très solennelle ; on déposa d'abord la relique à Tours, dans l'église de l'abbaye de Saint-Julien, et ce jour là même, il s'opéra un miracle qui raviva la confiance de tout le peuple à l'égard de son puissant patron. Un bourgeois de la ville qui s'était cassé le bras dans une chute de cheval, ne pouvait plus s'en servir depuis six mois. Etant venu à Saint-Julien pour prier devant la sainte relique, il ressentit toût à coup une grande douleur à son bras malade, et à l'instant même se trouva guéri.

Ce ne fut que le surlendemain que les religieux de Mar-

moutier vinrent prendre possession de leur trésor. Le R. P.
prieur chanta la grand-messe à Saint-Julien, entouré des
deux communautés de religieux et du corps de ville ; puis
la procession se mit en marche. On arriva ainsi à l'église
de Sainte-Radegonde où la châsse fut déposée provisoirement jusqu'au lendemain matin. Alors on commença à
célébrer des messes devant la relique, et là encore, des
miracles s'accomplirent : ce fut un enfant malade de la
fièvre, à qui l'on fit baiser le reliquaire et qui se trouva
immédiatement guéri ; puis un mourant pour lequel on
disait la messe, qui recouvra aussitôt la santé.

Dans la matinée, Mgr le Boutillier, archevêque de
Tours, qui avait témoigné le désir de faire lui-même la
cérémonie de la susception des reliques, arriva à Sainte-
Radegonde. On se rendit processionnellement à l'église de
Marmoutier où l'Archevêque officia pontificalement. Puis
il pria longuement devant les ossements sacrés, et au moment de partir, promenant ses regards sur le monastère, il
avoua que la seule vue d'un lieu qui avait été sanctifié par
un si grand saint lui donnait de la dévotion. Saint Martin
signala son retour à Marmoutier d'une façon plus char-
mante encore : on remarqua que les quarante enfants qui,
habillés en anges, avaient fait cortège à la sainte relique,
reçurent tous sans exception la vocation religieuse.

Il fallut, pour satisfaire la piété du peuple, exposer la
relique du Saint tous les dimanches et les jours de grandes
fêtes pendant les six mois qui suivirent ; et le souvenir de
cette solennité se perpétua par une célèbre procession an-
nuelle dans laquelle on portait, avec la châsse de saint
Martin, les chefs de saint Corentin, de saint Clair et de
saint Léobard, la Sainte-Ampoule, et d'autres reliques
encore. Un immense concours du peuple y assistait, attiré
par les prodiges continuels du Thaumaturge.

Mais tandis que les Bénédictins se livraient à ces saintes

joies dans l'intérieur du monastère, ils virent passer le collège de Marmoutier à Paris aux mains des RR. PP. Jésuites, à qui Richelieu ayant égard au nombre et à la qualité de leurs élèves, l'adjugea pour la somme de trente mille écus. Le regret des moines fut unanime mais soumis. Peu de jours après, du reste, le cardinal mourait à Paris le 14 décembre 1642, et fut enseveli à l'église de la Sorbonne qu'il avait choisie lui-même pour lieu de sépulture. L'abbaye de Marmoutier lui garda une éternelle reconnaissance comme à celui qui avait ramené dans ses mœurs l'esprit primitif et la sainte observance.

CHAPITRE IV

Amador-Jean-Baptiste de Vignerod, neveu du cardinal de Richelieu, n'était qu'un enfant quand le roi le nomma à l'abbaye de Marmoutier, après la mort de son oncle. Ce fut probablement le motif qui l'empêcha de prendre possession de son bénéfice avant le mois de janvier 1646, c'est-à-dire quatre ans après le décès du cardinal.

Le cloître, comme le royaume, se ressentit de la disparition d'une main si ferme. Quelques anciens moines qui n'avaient accepté la réforme que contraints par la nécessité, levèrent le masque et tentèrent avec leurs partisans, de semer la division dans le couvent. Ils crurent y réussir lorsque le prieur, Dom Anselme Dohon, se vit nommé à un autre bénéfice : les mutins concertèrent de fermer la porte du monastère à son remplaçant, mais leur projet n'eut aucune suite, les Supérieurs ayant porté leur choix sur le R. P. Dom Joseph Seguin, sous-prieur de Marmoutier. A peine nommé, celui-ci obtint que le différend fût jugé par six commissaires royaux, ce que voyant les récalcitrants, la plupart d'entre eux se soumirent.

Seuls les meneurs de la révolte persévérèrent dans leur résistance et se crurent au moment de triompher grâce à l'influence du prince de Condé; mais la reine Anne d'Autriche, informée de ce qui se passait, fit savoir au prince que les affaires de Marmoutier ne le regardaient en aucune façon ; peu de temps après, un arrêté royal, confirmant le concordat passé entre le cardinal de Richelieu et les PP. de Saint-Maur, commandait à l'Intendant général en Touraine de veiller à son exécution et assurait les pères réformés d'une haute protection.

Les mécontents recevaient le coup mortel ; ils vinrent faire leur soumission, hormis deux, dont le premier mourut de dépit et de chagrin, et le second, ouvrant enfin les yeux, rentra bientôt dans l'ordre.

Les heureux effets de cette réconciliation ne se firent pas attendre. Non seulement on vit l'ordre le plus parfait régner dans la maison, mais tous les religieux voulurent rivaliser de zèle pour la gloire de Dieu et de ses saints en s'imposant des privations à eux-mêmes, et en consacrant leurs épargnes à l'ornementation des chapelles des divers sanctuaires de l'abbaye.

Dom Joseph Séguin était encore prieur lorsqu'éclata en France la grande famine qui affligea particulièrement la Touraine. Le prévoyant administrateur acheta alors du blé pour une somme considérable afin de nourrir les pauvres, et Dieu se chargea de récompenser cet acte de charité ; car l'année suivante, 1650, le feu ayant pris, la nuit de la Pentecôte, dans un des bâtiments du monastère et menaçant de le consumer tout entier, on réussit en peu de temps à l'éteindre, ce qui, de l'avis de tous, ne put se faire que par l'effet d'une protection toute particulière du ciel.

Cette même année, le prieur eut l'honneur de recevoir à

Marmoutier la reine-mère qui se rendait à Bordeaux avec le roi. Anne d'Autriche se plut encore en cette circonstance à donner aux religieux des témoignages de sa bonté et de l'affection vive et sincère qu'elle avait conçue pour la congrégation de Saint-Maur. Elle vénéra avec dévotion les reliques conservées dans l'abbaye, ainsi que la Sainte-Ampoule, et alla s'agenouiller au Repos de Saint-Martin.

L'an 1651, le chapitre général de la Congrégation de Saint-Maur se tint pour la première fois à Marmoutier; Dom Joseph Séguin y fut élu abbé de Saint-Sulpice de Bourges, et quitta par conséquent le monastère. L'abbé Jean-Baptiste de Vignerod donna sa démission l'année suivante et tous ses bénéfices passèrent à son frère, *Emmanuel-Joseph de Vignerod du Pont de Courlay.*

Si le régime persistant des Commendes ne permettait pas toujours de rencontrer dans la personne des Abbés de parfaits modèles de la vie religieuse comme il eût été si utile d'en avoir pour maintenir par leur présence les bienfaits de la réforme, au moins les prieurs claustraux que l'on pourrait appeler la tête du monastère, suppléaient à l'absence et à l'insuffisance des premiers,

Le nouveau prieur de Marmoutier, Dom Germain Morel, un homme de régularité et de courage apostolique, s'était acquis déjà une grande réputation au prieuré de Sainte-Mélaine, en Bretagne; à l'exemple de son prédécesseur, il fit preuve, dans ces temps difficiles, d'une louable charité envers les pauvres, et reçut comme lui la récompense de ses vertus, car Dieu inspira à la pieuse parente d'un moine, la marquise de Chassingremont, la pensée de distribuer à l'abbaye des ornements d'église dont on était dépourvu alors; en même temps, elle fit don de plusieurs sommes d'argent que le prieur employa à l'embellissement du monastère et à la construction des terrasses que l'on voit encore aujourd'hui au bas du domaine de Rougemont. Ce travail fit malheureusement disparaître les derniers vestiges de l'ancienne chapelle de Saint-Jean, bâtie naguère par saint Volusien, archevêque de Tours.

Ces terrasses formaient un ensemble si magnifique, que les supérieurs réunis à Marmoutier, au Chapitre général de 1654, désapprouvèrent une œuvre qui blessait la simplicité religieuse et déposèrent celui qui les avait élevées. Envoyé au prieuré de Saint-Denys en qualité de simple moine, il y vécut dans la plus parfaite obéissance prouvant assez par là que la ferveur des anciens jours avait refleuri à la fin du XVIIᵉ siècle.

Le prieur disgrâcié eut un digne successeur en la personne de Dom Joachim le Comtat, considéré comme l'un des plus grands supérieurs qui aient gouverné Marmoutier. Désireux de procurer l'avancement spirituel de ses religieux, il composa lui-même, et fit composer par d'autres, plusieurs ouvrages ascétiques et livres de méditations, qui respirent tous une solide et ardente piété. Les prieurs alors n'étaient élus que pour six ans ; ce laps de temps écoulé, Dom Joachim dut quitter Marmoutier pour aller exercer ailleurs son apostolat.

Dom Anselme Guchenand, homme de mérite et de vertu, devait avoir l'honneur de recevoir à Marmoutier le roi Louis XIV qui se rendait à Nantes en cette même année 1660. Il posa la première pierre d'un superbe bâtiment du style de l'époque, destiné à compléter les constructions de l'abbaye, et qui excita longtemps l'admiration des connaisseurs. « Cet édifice, dit Dom Martène, n'aurait eu en lui-même rien que de très bien, s'il eût été plus modeste, plus simple et plus religieux. » Comme il arrive souvent en pareil cas, celui qui l'avait élevé, mourut avant de le voir complètement achevé, et l'histoire rapporte, à la louange des religieux, que plusieurs d'entre eux quittèrent alors le monastère, à cause même de la trop grande magnificence de cet édifice (1).

Les prieurs se succédèrent nombreux à Marmoutier durant cette période, et tous se montrèrent dignes de leur fonction ; nous ne ferons que nommer les plus remarquables.

L'abbé commendataire, Emmanuel-Joseph de Vignerod, se trouvait alors bien loin de son monastère, occupé à combattre les Turcs en Hongrie. Au retour de cette expédition, il s'arrêta à Venise et y mourut (1634). *664*

Jules-Paul de Lionne, fils du ministre d'Etat de ce nom, hérita de son titre plutôt que de sa charge, et ne fit autre chose que de toucher les revenus du monastère, sans s'inquiéter des désastres qui marquèrent son gouvernement. Une masse énorme de rocher se détachant du coteau de Rougemont, tomba sur l'église, renversa deux arcs-boutants et trois arcades des voûtes de l'un des collatéraux de la nef. La grotte du Repos de saint Martin fut préservée par une sorte de miracle ; bien qu'elle se trouvât à peu de distance de l'endroit où eut lieu l'éboulement, il n'y eut pas une vitre de cassée, pas une ardoise d'arrachée, et la statue de saint Martin placée à la partie extérieure, ne reçut elle-même aucun dommage.

Dix jours seulement après la chute du rocher, un épouvantable ouragan se déchaîna sur la contrée ; des grêlons d'une grosseur extraordinaire tombèrent avec fracas pendant une demi-heure ; les campagnes qui promettaient la plus heureuse moisson furent entièrement ruinées, et les grands arbres mêmes furent arrachés ou brisés. La perte éprouvée par la seule abbaye fut évaluée à cinquante mille

---

(1) On a comparé ce majestueux bâtiment, dont il ne reste d'ailleurs plus trace aujourd'hui, à la façade du Louvre élevée au xviie siècle, telle qu'on la voit encore à Paris.

livres, somme énorme pour cette époque. Ces divers accidents, joints aux dépenses exagérées qu'on avait malheureusement faites pour le bâtiment récemment édifié, mirent cela se conçoit, le monastère à deux doigts de sa ruine.

Nous retrouvons un peu plus tard dans la charge de prieur à Marmoutier, Dom Joachim le Comtat, qui l'avait déjà exercée auparavant; son mandat n'était pas achevé que, désirant rentrer sous le joug de l'obéissance et se préparer à la mort, il demanda et obtint d'être déchargé de la supériorité ; on le contraignit pourtant à exercer plus tard de nouvelles charges, jusqu'à ce qu'enfin, simple religieux à Bourgueil, il couronnât sa belle vie par une mort précieuse qui le surprit à l'église pendant qu'il chantait l'office.

Après lui, Dom Philippe le Roy a laissé une grande réputation de sainteté. Accablé de dettes immenses par suite des accidents dont nous avons parlé, il réussit par son économie à en payer une partie, et à rendre habitable une aile du nouvel édifice. Déchargé de la supériorité au Chapitre général de 1678, il resta simple religieux à Marmoutier même, où prenant plaisir à s'humilier, il se chargeait volontiers des offices et des emplois les plus vils. Il avait une tendre dévotion et une confiance sans bornes envers saint Martin; son désir était de mourir le jour de sa fête. Dieu l'exauça, car le 22 juillet, fête de la Susception des reliques du glorieux fondateur de l'abbaye, au moment où dans la procession, la sainte châsse passait devant sa chambre, son âme se séparait de son corps pour aller rejoindre au ciel celui qu'il avait tant aimé. Qu'il est édifiant de retrouver de pareils exemples de piété et d'abnégation religieuse après la période d'attiédissement qui avait attristé le célèbre monastère !

Les successeurs de Dom Philippe le Roy marchèrent sur ses traces. L'un d'eux, Dom Claude Martin, né à Tours, se fit particulièrement remarquer tout ensemble par sa science et sa vertu ; il composa plusieurs ouvrages dont l'un, la vie de sa mère, religieuse Ursuline morte en odeur de sainteté, est rempli d'onction et de foi. Devenu prieur de Marmoutier il ne continua pas le bâtiment nouveau dont il n'approuvait pas la splendeur, mais il donna tous ses soins à l'église qu'il embellit encore; il y rétablit les anciennes cérémonies, afin de rendre l'office plus majestueux et plus solennel. Après avoir exercé diverses charges pendant plus de quarante ans, il demanda au Chapitre général de 1696, dont il avait la présidence, à quitter sa charge et mourut cette même année comme un vrai disciple de saint Martin.

Cependant quelques parties les plus anciennes du « Grand Monastère » tombaient en ruines; et faute de ressources, on ne pouvait les relever ; les religieux se virent donc contraints de démolir les restes de la chapelle Saint-Benoît à laquelle pourtant se rattachaient de si pieux souvenirs. Du moins on consacra dans l'église une chapelle en l'honneur du patriarche des moines d'Occident et on y plaça la vaste pierre sur laquelle les religieux se faisaient transporter autrefois pour y rendre le dernier soupir dans la pénitence et l'humilité.

Dom Innocent Bonnefoy, prieur en 1702, acheva le cloître de l'abbaye et eût exécuté encore de grandes choses si la maladie n'était venue arrêter ses projets. Revenu passagèrement à la santé, il demanda, lui aussi à reprendre rang parmi les simples religieux, et ce fut une chose admirable de voir ce vénérable vieillard malgré son grand âge (il avait plus de quatre-vingts ans), suivre la règle avec la ferveur d'un novice et assister ponctuellement à tous les offices du jour et de la nuit.

De temps à autre, grâce à sa réputation passée et présente, Marmoutier recevait encore des visites princières. C'est ainsi que nous y trouvons à cette époque le duc de

Bourbon, qui passait à Tours pour aller voir ses deux filles dont l'une était élevée à Beaumont, et l'autre à Fontevrault; et quelques années plus tard, en 1729, le prince et la princesse de Conti.

Deux ans avant la mort de l'abbé de Lionne, comme on avait dû relever les murs de l'enclos renversés plusieurs fois par des inondations de la Loire et du Cher, on construisit la grande porte du monastère où aboutit le chemin de Sainte-Radegonde. Cette porte qui existe encore, n'a jamais été complétement achevée (1719).

Tandis que la charge de prieur était occupée par Dom Maur Andren de Kerdrel, dont nous retrouvons le nom parmi les illustrations contemporaines (1). Louis de Bourbon-Condé, prince de Clermont, recevait le titre d'Abbé qu'il devait résigner en 1739 et porter le dernier. Par une bulle du pape Clément XII, le titre abbatial de Marmoutier fut déclaré supprimé, et ses fruits et revenus unis à la la mense archiépiscopale de Tours à la requête de Monseigneur Louis-Jacques de Chapt de Rastignac, métropolitain de cette ville. La communauté bénédictine accepta sans peine l'extinction du titre abbatial, mais exprima dans une déclaration motivée les charges, clauses et conditions de l'union de la mense abbatiale *à la mense archiépiscopale*, en sorte que certaines réserves furent stipulées et convenues en faveur de l'abbaye (2).

. (1) M. Andren de Kerdrel, député, sénateur, et M. Nouvel de Kerdrel, bénédictin de la Pierre qui Vire, mort évêque de Quimper.

(2) Prieurs qui gouvernèrent au spirituel l'abbaye de Marmoutier, depuis la réforme jusqu'à la suppression du titre abbatial (1637-1739).

Dom Antonin Potier. — D. Jacques Brossaud. — D. Anselme Dohin. — D. Joseph Séguin. — D. Germain Morel. — D. Joachim le Comtat. — D. Anselme Guchenaud. — D. Robert Dicé. — D. Mayeul Haxon. — D. Joachim le Comtat, pour la deuxième fois. — D. Philippe le Roy. — D. Innocent Bonnefoy. — D. Jean Lorier. — D. Innocent Bonnefoy,

CHAPITRE V

Le règne de Louis XV devait apporter à la France plus d'un malheur : d'une part, les folies de la cour et les déprédations des hommes de finances minaient le royaume et rendaient nécessaires, sans les justifier, la levée des subsides extraordinaires qu'on demandait particulièrement au clergé et aux couvents sous prétexte qu'ils étaient riches ; de l'autre, l'esprit philosophique, s'infiltrant jusque dans les maisons religieuses, y faisait germer la discorde et quelquefois la rébellion, semences perfides destinées à amener leur naufrage.

Heureusement, l'ordre n'avait fait que gagner à Marmoutier depuis que le monastère se trouvait régulièrement gouverné par les prieurs (1), et grâce aussi peut-être à ce qu'il n'était plus ni riche ni opulent. Bien que réduit à faire des emprunts pour vivre, il ne cessa de secourir les pauvres et les autres couvents du pays réduits à la misère par suite d'une nouvelle disette vers le milieu du siècle ; et lorsque

---

pour la deuxième fois. — D. Claude Martin. — D. Louis Tàsche. — D. Innocent Bonnefoy, pour la troisième fois. — D. Louis Tàscher, pour la deuxième fois. — D. Martin Fillaud. — D. François du Vivier. — D. Louis Tàsche, pour la troisième fois. — D. Joseph Miniac. — D. Louis Tàsche, pour la quatrième fois. — D. Magloire Loz. — D. Maur Andren de Kerdrel. — D. J. B. Linard. — D. Guillaume Boumain. — D. Nicolas Vignoles. — D. Bonaventure Aubert. — D. René Junien.

(1) Voici les noms des derniers prieurs de Marmoutier depuis la suppression du titre abbatial jusqu'à la Révolution (1742-1789) :

Dom Jean-Baptiste Flograc. — D. Jean Murault. — D. Thomas Arnauld la Pie. — D. Mathurin le Fresne. — D. René Rouault. — D. René Even. — D. René Desmares. — D. Joseph Anne Geoffroy de Villeblanche. — D. Antoine Quinquet. — D. Geoffroy de Villeblanche, pour la deuxième fois. — D. François Xavier Estin.

le roi commanda d'envoyer à la monnaie toute l'argenterie des maisons religieuses, à l'exception des reliques et des vases sacrés, le procès-verbal qui fut dressé à cette occasion prouva que l'abbaye était devenue bien pauvre.

Et pourtant l'église était tombée dans un tel état de délabrement, que différer de la restaurer c'était l'exposer à une ruine totale. Mais où trouver la somme nécessaire pour un pareil travail ? Le prix de quelques arpents de bois fut insuffisant; il fallut se résigner à démolir le grand comble et le clocher qui menaçaient de s'écrouler; enfin, pour se procurer encore quelques ressources, il fut décidé que la mense conventuelle de Lehon, en Bretagne, serait réunie à celle de Marmoutier avec l'agrément de l'évêque de Saint-Mâlo, sur le territoire duquel était situé le prieuré.

Toutefois, lorsque Dom Antoine Quinquenet crut les temps un peu meilleurs, il projeta la construction de l'escalier du réfectoire et en confia l'exécution à l'architecte Lenot. Les pierres qui servirent à ce bel ouvrage furent tirées des carrières de Semblançay et de Sainte-Maure Comme il était d'un genre nouveau et fort considérable, une foule de curieux et d'étrangers accouraient pour le contempler (1). Mystérieuses vicissitudes des temps et vanité des ouvrages humains ! Quinze ans plus tard, ce chef-d'œuvre devait être à demi brisé et ses pierres dispersées au loin.

Mais pour le moment rien ne faisait encore prévoir l'imminence de la catastrophe. En l'année 1785 le duc de Penthièvre et la duchesse de Chartres, sa fille, allant à Fontevrault, s'arrêtèrent à Marmoutier et y visitèrent le trésor de l'église, la grotte de saint Martin et le nouvel escalier. Quelques jours après, ce furent les curés de

(1) Le modèle en plâtre de cet escalier monumental se voyait jadis dans la bibliothèque de Marmoutier ; de là il passa au musée de Tours. Nous ignorons ce qu'il est devenu aujourd'hui.

quelques paroisses voisines qui vinrent processionnellement avec leurs fidèles à l'église du monastère pour se mettre sous la protection du saint fondateur. La messe fut chantée dans la chapelle du Repos.

Les fastes de l'abbaye font encore mention, à cette époque, de l'arrivée du cardinal, prince de Rohan, évêque de Strasbourg et ex-grand aumônier de France, d'abord exilé (1) à l'abbaye de la Chaise-Dieu et tranféré ensuite à celle de Marmoutier où on lui fit une magnifique réception. « Il essaya, dit M. Ch. Desmoulins, de charmer les ennuis de sa disgrâce en s'entourant de tout le luxe auquel la splendeur de sa naissance avait habitué sa jeunesse, et fit bâtir près de l'entrée du monastère un édifice qu'il meubla pompeusement pour lui servir de demeure. » Il entretint toutefois avec ses hôtes des relations les plus courtoises en conversant familièrement avec eux, les invitant souvent à prendre place à sa table, et présidant volontiers leurs cérémonies. Son séjour à Marmoutier se prolongea jusqu'en 1789, où il obtint de rentrer dans son diocèse. A cette occasion, le roi, plein de gratitude pour la manière dont les religieux s'étaient comportés vis-à-vis du cardinal, leur fit don de son portrait.

Comme si les éléments eussent voulu préluder par avance à une ruine qui devait suivre de si près, il arriva encore qu'un éboulement de rocher détruisit en grande partie la chapelle des Sept-Dormants, nouveau dommage ajouté à tant d'autres et que l'insuffisance des ressources empêcha de réparer ; on se contenta donc de murer l'espace qui contenait les tombeaux des sept frères.

La fatale année 1789 venait de s'ouvrir. Tandis que les plus graves événements se préparaient à Paris, les moines

(1) Le cardinal avait été compromis dans la déplorable affaire du collier.

renfermés dans leur solitude continuaient comme à l'ordinaire à couler leurs jours dans le silence, le travail et la prière; mais l'orage grondait et des présages sinistres l'annonçaient inévitablement. Les officiers municipaux de Tours, préoccupés de la disette dont la province était menacée, firent appel à l'archevêque, aux chapitres de Saint-Martin et de Saint-Gatien et aux communautés religieuses afin de faire face à la misère. Le monastère de Marmoutier souscrivit pour une somme de dix mille livres qu'il consentit à prêter sans intérêts, et son prieur, Dom François Estin, fut élu par le clergé de Touraine député aux Etats Généraux.

A cette même époque, le peintre Italien Borrani recevait la mission de faire subir à l'église un badigeonnage malheureux, véritable profanation de l'art qui entraîna une dépense de trois mille livres et devait être rendu inutile dans si peu de temps.

En effet le vent de la Révolution soufflait partout, même au fond des cloîtres. Les moines, sans en soupçonner les terribles conséquences, mais résolus à se conformer autant qu'il était possible aux idées et aux exigences actuelles, se réunirent le 8 mars 1789 pour rédiger un cahier de doléances qui devait être adressé au roi. Ils y demandaient pour tous les citoyens indistinctement l'égalité de contributions aux charges et aux besoins de l'Etat, et renonçaient volontairement aux privilèges dont les biens ecclésiastiques avaient été jusque là favorisés. Mais cette abnégation ne devait point désarmer la révolution; le moment était proche où le monastère de Saint-Martin, comme tous les autres, allait disparaître après quatorze siècles d'une glorieuse existence. Après avoir parlé de réformer les abus, on en était venu à une constitution hérétique et schismatique de l'église gallicane; on aboutit aux orgies d'une sanglante saturnale. Pour ne pas renier sa foi, il fallait fuir ou mourir sur l'échafaud. Les moines prirent le parti d'abandonner une retraite qui n'était plus un asile.

Lorsque le monastère se trouva désert, le monument matériel, à défaut de victimes humaines, tomba sous les coups des dévastateurs. Il y eut bien, en 1791, une tentative de la part de la municipalité de Tours dans le but d'acheter le vaste établissement, mais sa ruine devait être consommée.

Voici arrivée l'heure où la horde impie des vandales révolutionnaires envahit l'abbaye et foule aux pieds la terre des saints. « Alors, comme l'a écrit un auteur moderne (1) dans une page poignante d'intérêt, la croix tombe du haut des monuments d'où elle bénissait le monde ; les crucifix en métaux, les vases sacrés, les crosses épiscopales sont converties en monnaie ; on insulte aux reliques des apôtres et des martyrs ; les clochers sont muets ; la flamme ou le fer détruisent les tableaux religieux où respirait le génie des arts ; un ouragan passe sur l'architecture catholique, sur ces sculptures délicates et savantes dont la grâce naïve exprime la naïveté de la vieille foi ; les statues de la Vierge et des saints sont précipitées de leurs piédestaux ou de leurs niches ; ce ciel de pierre, peuplé d'anges et de personnages révérés au portail des basiliques, disparaît sous le marteau, ou laisse voir des mutilations sauvages ; les mystères sacrés sont tournés en dérision ; les ornements d'église servent à des mascarades, et les chansons obcènes remplacent les chansons catholiques. » — Ces cloîtres, ces asiles du travail et de la prière d'où se répandaient de si larges aumônes, d'où les malheureux sortaient consolés, sont devenus des biens à vendre. »

Tel fut à la lettre comme pour tous les autres monastères, le sort de Marmoutier. Privé de ses possesseurs légi-

(1) M. Poujoulat. — Histoire de la Révolution française.

times et de ses gloires séculaires, aliéné, morcelé, l'antique lieu de retraite de saint Martin, le berceau de l'ordre monastique et la pépinière du clergé, vit sa destruction se consommer dans ces jours de sanglante mémoire.

On recule d'horreur devant le récit des actes hideux accomplis par la tourbe immonde qui se rua sur la sainte demeure. Faute de vivants qu'ils ne rencontrèrent pas, ces sauvages furieux osèrent déterrer les morts qu'on y conservait depuis des siècles, et les couper en morceaux ; violer et profaner les tombes qui depuis longtemps s'abritaient à l'ombre du cloître. « Pour ces barbares impies, écrit à son tour M. de Montalembert indigné, il ne suffit pas de piller, de profaner, de confisquer, il fallait renverser raser, ne pas laisser pierre sur pierre, que dis-je ? fouiller jusqu'aux entrailles du sol, pour en extirper la dernière de ses pierres sacrées.....» (1)

Ailleurs encore, dans une page d'une poignante tristesse l'illustre écrivain pleure sur les ruines accumulées dans les monastères par la révolution. « C'en est fait, dit-il, tout a disparu ; ce fleuve généreux qui roulait à travers les âges les flots d'une incessante intercession, s'est desséché. On dirait qu'un vaste interdit a été jeté sur le monde. Elle s'est tue parmi nous, cette voix mélodieuse des moines qui s'élevait nuit et jour du sein de mille sanctuaires, pour fléchir le courroux céleste, et qui versait dans les cœurs des chrétiens tant de paix et de joie. Elles sont tombées ces belles et chères églises où tant de générations de nos pères étaient venues chercher des consolations, du courage et de la force pour lutter contre les maux de la vie. Ces cloîtres qui servaient d'asile si sûr et si digne à tous les arts, à toutes les sciences, ne sont plus que des ruines souillées

(1) Montalembert. Les moines d'Occident.

par mille profanations... La main de l'insensé y a passé.
Brûlés, desséchés, condamnés à une éternelle stérilité, ils
ne subsistent plus que comme un monument de ruine et de
folie ! » (1)

(1) Montalembert. Les moines d'Occident.

QUATRIÈME PÉRIODE

DEPUIS LA RÉVOLUTION FRANÇAISE
ET LA RUINE DU MONASTÈRE
JUSQU'A L'ÉTABLISSEMENT DES RELIGIEUSES
DU SACRÉ-CŒUR A MARMOUTIER
ET L'ÉPOQUE ACTUELLE (1797 - 1896)

CHAPITRE PREMIER

Le souffle destructeur et sacrilège a passé sur le vieux monastère ; tout ce qui donnait prise à la cupidité a été violemment arraché ; la désolation et le silence règnent maintenant dans ces lieux dévastés. Seuls les murs de l'antique église et quelques édifices épars ont échappé à la haine des envahisseurs ; si tristes qu'elles soient, ces ruines vont être utilisées à titre de *bien national* et affectées tout d'abord à un hôpital militaire où furent transportés jusqu'à quatre mille malades. Cette destination eût été de beaucoup préférable au sort que subirent alors la plupart des couvents, convertis les uns en écurie, les autres en théâtre, en caserne ou en prison ; mais les réparations demandées par l'état actuel des bâtiments s'élevaient à un prix si fort au-dessus de la valeur du domaine, que l'administration recula devant cette dépense, et Marmoutier fut abandonné.

Cependant des vols considérables se commettaient jour-
.·llement dans l'enceinte du vieux monastère, les plombs
des toitures excitaient surtout la convoitise publique : on
les arrachait de tous côtés, au grand détriment des char-
pentes, des planchers et des voûtes. Cette dilapidation,
non autorisée encore, engagea les administrateurs du dis-
trict de Tours à mettre l'abbaye en vente comme bien national, et l'acte en fut dressé en date du 25 pluviôse an VII
(1798) pour la somme de 801,000 francs, en assignats, chiffre ·
énorme en apparence, mais qui ne représentait en réalité
qu'une somme insignifiante en numéraire.

Mais le gouvernement refusa de ratifier cette première
adjudication ; elle fut annulée et on ordonna qu'une seconde
vente serait faite, dont on exceptait toutefois l'horloge du
monastère qui devait être vendue comme mobilier national,
et le grand escalier de Lenot, qu'on assurait pouvoir être,
sans grands frais, transporté à Paris. Ce nouvel arrêté
n'eut pas de suite : les premiers acquéreurs réussirent
à faire ratifier par le gouvernement sans aucune réserve
l'adjudication première consentie à leur profit ; puis ils lici-
tèrent entre eux la propriété et l'un d'eux (1) s'en rendit
seul acquéreur moyennant la somme dérisoire de quinze
mille francs.

Alors commença l'œuvre de totale destruction, largement
préparée déjà par le vandalisme, la négligence, les vols et
l'intempérie des saisons. La charpente de l'église fut complétement enlevée ; les plombs, les fers, les marbres les
boiseries qui restaient encore dans l'édifice sacré, en furent
arrachés et vendus ; les voûtes exposées depuis quinze ans
au vent et à la pluie, s'écroulèrent peu à peu, en sorte que
ce vénérable sanctuaire de Marmoutier, jadis un des joyaux
de l'art gothique en France, ne parut plus qu'une ruine se

(1) Un sieur Gidoin.

dressant tristement sur une terre désolée, seuls les bâtiments les plus modernes, encore en assez bon état, furent conservés provisoirement. Mais au lieu de les entretenir on ne fit que les dégrader, et en 1813, ils étaient transformés en écuries destinées aux chevaux des gardes d'honneur..

Un nouvel acquéreur devait porter le dernier coup à l'antique abbaye. Vendue de nouveau en 1818, elle vit disparaître successivement tout ce qui restait encore de ses ruines, sauf le mur d'enceinte découronné, et le portail du midi appelé, comme nous l'avons dit, portail de la Crosse.

Le magnifique escalier lui-même ne trouva pas grâce devant la sordide spéculation des démolisseurs. On a prétendu que ce monument avait été acheté par un Anglais, démoli pièce à pièce et transporté au-delà du détroit pour orner un château, c'est une erreur. Les instances faites auprès du nouveau propriétaire de Marmoutier pour que ce chef-d'œuvre au moins fût conservé ne réussirent pas; l'escalier fut démoli et les marches brisées les unes après les autres, si bien que Marmoutier ressemblait à une carrière de pierres. Toutes les parties vendues à vil prix, furent employées dans diverses constructions de la ville de Tours, tandis que les chapiteaux et les colonnettes de l'église abbatiale renversée, étaient utilisés en margelles comme de vulgaires moëllons ou servaient à daller les cours.

Montalembert, en vérité, avait cent fois raison de dire que l'empire d'Orient n'avait pas été saccagé par les Turcs, comme la France l'a été par cette bande de démolisseurs insatiables qui, après avoir acquis à un prix dérisoire ces vastes constructions, ces immenses domaines, les exploitèrent comme des carrières pour en retirer un lucre sacrilège (1).

Bien que réduit à néant par le vandalisme contemporain,

(1) Montalembert. Les moines d'Occident.

l'antique monastère fut acheté en 1840, au prix de plus de cinquante mille francs. La Providence veillait sur ce sol sacré; le temps approchait où la noble abbaye allait échapper à des mains profanes.

« Déjà, quelques années auparavant, le soir même de l'ordination qu'il avait reçue des mains de Mgr de Montblanc, archevêque de Tours, un prêtre, l'abbé Guéranger, le futur restaurateur des Bénédictins de la congrégation de Saint-Maur en France, se dirigeait vers Marmoutier pour y mettre sa vie nouvelle sous le patronage de celui qui est resté le type du prêtre aussi bien que le patriarche de la vie monastique en Occident. Le pèlerin ne trouva que désolation dans cette enceinte qui retentissait autrefois jour et nuit des cantiques sacrés. L'église, le monastère, tout était détruit; les fondations restaient seules visibles sur le sol comme pour accuser les sacrilèges qui avaient profané la maison des saints. Navré de ce spectacle, le jeune prêtre tomba à genoux, et le Rorate, cette prière que l'Église emprunte aux prophètes pour peindre le deuil de Jérusalem, s'échappa de ses lèvres, mais comme un cri de douleur, dans lequel il n'y avait aucun accent d'espérance. » (1) Sa mission providentielle n'avait pas encore brillé à ses yeux, mais il l'avait reçue déjà; seulement, c'était à Solesmes et non à Marmoutier qu'il devait la réaliser, et Dieu avait fait choix d'un autre instrument pour arracher l'antique monastère à un oubli perpétuel.

Un jour, le Père Varin, déjà connu pour la part qu'il avait prise au commencement du siècle à la fondation d'une Société religieuse consacrée au Sacré-Cœur, traversait la Loire en bateau à vapeur pour se rendre à Tours. Tout à coup le conducteur se découvre et crie : « Marmoutier, Saint-Martin ! « Le Thaumaturge des Gaules, l'insti-

(1) Solesmes et Dom Guéranger, par Dom Alphonse Guépin.

gateur de la vie monastique en ces lieux, parla-t-il à l'âme de l'apôtre? On peut le croire, car un immense désir le saisit aussitôt et il en écrivit à la vénérable Mère Barat, la pressant de rendre au culte ce sol béni et d'y établir ses filles. La pieuse fondatrice également sollicitée par Mgr Morlot, archevêque de Tours, céda et le domaine presque en ruines fut acheté. Jusque là, Mgr Morlot était venu rarement à Marmoutier; il en coûtait trop à son cœur de voir le berceau des saints, la pépinière des évêques servir à des usages profanes. Mais l'acte passé, il s'empressa de s'y rendre en compagnie de Dom Chabbert, vénérable octogénaire, dernier bénédictin survivant du glorieux monastère. Tandis que le prélat, agenouillé devant la grotte de saint Brice, un des rares débris encore debout, était tout entier aux espérances de l'avenir, le vieillard inattentif à ses projets, cherchait à ressaisir sa vie dans le souvenir des temps écoulés. Il n'était point rentré dans l'enceinte de l'abbaye depuis le jour où les ennemis de Dieu et des hommes l'en avaient chassé ainsi que ses frères, et en voyant la désolation qui l'entourait, deux larmes roulèrent sur ses joues. « Hélas! s'écria-t-il, il n'en reste pas une pierre. » — Jamais il n'y voulut revenir (2). Toutefois la Providence dont les vues sont impénétrables, voulut que le dernier des moines de Marmoutier pût apposer son nom sur les actes qui constituaient la propriété des religieuses du Sacré-Cœur, et convertir ces formalités légales en un legs fait par des frères aînés à des sœurs bien-aimées (3).

Le 29 juin 1847, les religieuses avec leurs élèves, quittèrent leur établissement de la Cour-des-Prés à Tours, devenu d'ailleurs insuffisant, pour s'installer dans les rares bâtiments de la vieille abbaye qui demeuraient encore.

1) Dom Chabbert mourut chanoine de la cathédrale de Tours.
2) Ch. Desmoulins. Passim.

Une terre où Jésus-Christ avait été si longtemps aimé et servi, ne convenait-elle pas bien aux épouses de son Divin Cœur ?

A partir de ce jour, la discipline, l'étude, la piété et le culte de saint Martin reprirent possession de cette terre des élus, consacrée jadis par la présence, la sainteté, les miracles de l'illustre fondateur, bénie et fécondée par les vertus de tant de saints personnages.

« Depuis la fondation du monastère, en 372, la prière n'y avait jamais été interrompue qu'en deux circonstances : à la suite de l'invasion normande et à l'époque de la grande révolution, cette dernière fois pendant un demi-siècle. La chaîne momentanément brisée se renoua alors, et Marmoutier put reprendre, du moins sous une forme nouvelle et dans des proportions plus modestes, la haute mission qu'il avait inaugurée quinze siècles auparavant, avant même l'établissement de la monarchie française, et qu'il avait continuée sous trois dynasties. Tant il est vrai que l'église seule peut imprimer à ses œuvres, au sein de la mobilité des institutions humaines, le caractère de la force et de la stabilité ! » (1)

CHAPITRE II

Au moment où les religieuses du Sacré-Cœur vinrent prendre possession de Marmoutier, on aurait en vain voulu y chercher la splendeur du « Grand-Monastère » d'autrefois : le portail gothique, dit de la Crosse, une partie des communs adjacents consistant en plusieurs salles voûtées surmontées d'un étage, et qui naguère avaient servi d'é-

(1) M. C. Chevalier. Mémoires de la Société Archéologique de Touraine.

curies, voilà du côté de la Loire ; plus loin au pied du coteau, quelques rares débris de l'église abbatiale, tels que la base de la tour des Cloches, la cellule de saint Brice et au-dessus, les murailles aux trois quarts rasées du Repos de saint Martin; dans le vaste enclos presque en friche, deux ou trois bâtiments épars et sans importance, le tout renfermé dans les murs d'enceinte démantelés mais rattachés encore par leurs tourelles d'angles comme au moyen, âge, rien de plus !

La nouvelle communauté songea d'abord à tirer parti de ces épaves, et s'installa dans l'aile de l'édifice demeurée habitable ; mais le local se trouvant insuffisant, on éleva bientôt à chaque extrémité deux pavillons sans prétention architecturale, pour loger tout le personnel d'une maison d'éducation déjà florissante. Il en résulta que le nouveau couvent, au lieu de s'établir à la place de l'ancien, se groupa par le fait des circonstances, sur les bords paisibles de la Loire, tout près du portail de la Crosse, dont la gracieuse flèche, habilement restaurée, pouvait seule à cette heure encore attirer les regards. C'est dans ce petit coin de la terre de saint Martin, et par ces modestes débuts que la vieille abbaye recommença une vie nouvelle et redevint la chose de l'Église.

En faisant du reste, l'acquisition de Marmoutier, la vénérable Mère Barat se complaisait à la pensée de sauver de la profanation et de l'oubli l'un des plus précieux monuments de la foi, et elle savait que la Société du Sacré-Cœur tout entière, serait heureuse de posséder un pareil trésor. « Vous êtes appelées à fouler la terre des saints, écrivait-elle à ses filles, en leur annonçant leur translation dans le vieux monastère, mais souvenez-vous qu'il faut être saintes pour l'habiter. » (1) Elle-même y vint l'année

---

(1) Mgr Baunard. Vie de la révérende Mère Barat.

suivante, et charmée du parfum de paix et de dévotion qui s'échappait de cette solitude embaumée, elle y fit sa retraite, prolongeant son oraison dans la cellule de saint Martin, et demandant à Dieu, par l'intermédiaire de son serviteur, que ses religieuses fissent revivre l'esprit de son divin Fils au milieu de ces tristes ruines. Elle y retourna souvent, car Marmoutier était devenu son séjour de prédilection. Le pensionnat fréquenté par l'élite de la société, ne tarda pas à voir s'étendre au loin sa réputation méritée. Bientôt on y adjoignit une école pour les enfants du village de Sainte-Radegonde; et un peu plus tard, les petits garçons même de la paroisse y furent admis. La vénérable Mère prenait plaisir à suivre de loin les progrès de ces jeunes écoliers qui, en grandissant, gardèrent une touchante reconnaissance à leur bienfaitrice et à la maison qui avait bien voulu se charger de les instruire. Presque tous devinrent dans la suite de bons pères de famille.

A côté de l'édifice spirituel, les nouvelles habitantes de Marmoutier s'efforçaient de relever l'édifice matériel. Le vaste enclos, encombré de pierres et de broussailles, se couvrit peu à peu de verdure et de fleurs, tandis que sous les ombrages du vieux monastère, soigneusement taillés et entretenus, les jeunes élèves purent à leur aise prendre leurs ébats pendant toute la durée de la belle saison.

Le domaine de Rougemont qui couronne les rochers du coteau et servait jadis, comme nous l'avons vu, de logis abbatial, fut acquis à son tour par la communauté, de telle sorte que peu à peu le territoire de l'ancien monastère se retrouvait tout entier en de pieuses mains (1).

Mais c'était au Roi de ces lieux qu'il fallait édifier une chapelle moins indigne de Lui et qui rappelât la magni-

(1) Les célèbres cépages de Rougemont, encore vigoureux à cette époque, presque anéantis aujourd'hui, ont selon toute apparence, donné naissance aux riches vignobles de Rochecorbon et de Vouvray.

ficence de celle qui n'existait plus; une gracieuse chapelle vint donc s'ajouter au groupe de bâtiments qui composaient le nouveau couvent, et le cardinal Morlot, archevêque de Tours, en fit la consécration solennelle le 28 mars 1856. Une notable relique de saint Martin, patron de la maison, fut déposée dans ce sanctuaire ; tous les fragments que l'on put recueillir des ossements des saints qui avaient formé jadis le trésor de l'abbaye, lui firent une couronne d'honneur (1).

Les religieuses du Sacré-Cœur s'appliquèrent par dessus tout, on le comprend, à restaurer les derniers débris des lieux saints qui leur étaient échus en partage, et elles y apportèrent le respect que méritaient d'aussi grands souvenirs. La vénérable cellule du « Repos de saint Martin » attira d'abord leur attention ; enclavée dans le bras septentrional du transept de l'église, cette grotte pieusement décorée par les moines et par les pèlerins qui, de tout temps s'y étaient portés en foule, était demeurée presque intacte jusqu'au commencement du siècle; mais elle n'avait pas trouvé grâce devant le vandalisme de la *bande noire* ; il fallut reconstruire en partie les parois et la voûte à demi effondrée, et y placer un nouvel autel que l'on surmonta d'un bas-relief représentant l'apparition de la Sainte-Vierge, de sainte Thècle et de sainte Agnès au grand serviteur de Dieu. Ainsi reconstitué (2), ce sanctuaire continua, comme dans le passé, à attirer les âmes par l'attrait de la solitude et la sainteté de ses souvenirs.

Cette première œuvre de réparation religieuse ne pouvait manquer d'attirer les bénédictions de Dieu ainsi que le

(1) La plupart de ces reliques proviennent de l'Eglise de Notre-Dame La Riche, à Tours, où elles avaient été transportées après la Révolution.

(2) Par Madame de Bossedon, supérieure de 1846 à 1861.

Père Varin l'avait promis à la vénérable Mère Barat. Bientôt le nombre des élèves prit une si grande extension, qu'il fallut songer à bâtir un local plus en harmonie avec l'importance de l'établissement. Alors s'éleva le vaste édifice que l'on voit aujourd'hui et qui atteste la résurrection de la vie chrétienne en ces lieux naguère désolés.

Ayant ainsi agrandi et embelli leur maison d'éducation, les religieuses du Sacré-Cœur reportèrent encore une fois leurs regards sur les glorieux débris de l'héritage que la Providence leur avait légué. Après le « Repos de saint Martin », nulle grotte ne leur parut plus authentique et plus digne d'intérêt que celle des « Sept-Dormants ». Un triple souvenir la désignait en effet à la piété contemporaine : saint Gatien y avait évangélisé les premiers néophytes ; saint Martin y avait consacré un autel et célébré les saints mystères, enfin les Sept-Dormants y avaient vécu comme des anges terrestres avant de s'endormir ensemble dans le Seigneur. Depuis la Révolution, elle s'était vue transformée en simple cave d'habitation pour les pauvres gens de la contrée, et avait même servi d'abri aux troupeaux. Mais en dépit des temps et des usages profanes, la tradition faisait toujours de cette crypte un lieu respecté par la foi populaire ; on y distinguait encore des traces de peintures murales et les vestiges de l'autel consacré dit-on, par saint Martin lui-même. « Voilà bien le lieu le plus vénérable de mon diocèse », disait Mgr Guibert, archevêque de Tours, en désignant parmi les grottes de Marmoutier qu'il était venu visiter, la crypte mutilée des Sept-Dormants. Recueillie par les filles de la mère Barat, cette parole a porté ses fruits.

Dès le mois d'avril 1868, on commença des fouilles qui mirent à jour les tombes des Dormants ; malheureusement, elles ne contenaient plus aucun ossement, et l'on se contenta pour le moment de soustraire la pieuse retraite à des

emplois indignes de son passé (1). Mais pendant l'hiver
de 1879, par suite des pluies continuelles, un bloc énorme
détaché du rocher supérieur renversa une partie de la voûte
ainsi que le côté méridional qui n'avait d'ailleurs aucun
mérite architectural. C'est alors que la supérieure de Marmoutier (2) se décida à une restauration complète depuis
longtemps projetée. La grotte fut rétablie à peu près telle
qu'elle était autrefois, et une nouvelle façade de style roman,
remplaça avantageusement celle qui venait de s'écrouler.
L'intérieur conserva l'antique nudité de ses murailles, car la
majeure partie de la chapelle se trouvait creusée dans le roc
même, comme les siècles l'avaient laissée. Sept plaques de
fonte ajourées recouvrent maintenant les tombeaux des Dormants encadrés par un dallage en mosaïques. Les verrières
des croisées, également au nombre de sept, représentent les
sept frères avec leurs noms et les insignes que la légende
assigne à chacun d'eux. Autour de ces peintures, se lisent
sur les parois, des inscriptions bien choisies, empruntées à
la liturgie des Dormants auxquels les moines de Marmoutier rendaient un culte. Une console fixée à la muraille, sup-
porte un reliquaire en bois contenant quelques ossements
trouvés en 1769, lors de l'ouverture qui fut faite des tombeaux ; restes précieux, bien que sans caractère certain
d'authenticité. L'autel en pierre, d'un style pur et simple
comme le reste de l'édifice, occupe l'emplacement précis
de l'antique autel consacré par saint Martin, et est surmonté
d'une peinture sur cuivre représentant le prodige si connu
dans l'histoire du saint : l'apparition d'un globe de feu au-
dessus de sa tête, tandis qu'il offrait le Saint-Sacrifice.
La partie la plus profonde de la grotte renferme la crypte

(1) Madame Digby, supérieure de Marmoutier 1865-1872, aujourd'hui
supérieure-générale de la Société du Sacré-Cœur.

(2) Madame C. de Montalembert, fille du grand écrivain, supérieure
de Marmoutier, 1878-1884.

de saint Gatien, où l'on a placé la statue du premier évêque et apôtre de la Touraine ; et un peu plus bas celle de la Sainte-Vierge, sous le vocable de laquelle était autrefois connue la chapelle dite « de Notre-Dame des Sept-Dormants. »

Pour ménager un accès direct au sanctuaire restauré, on adapta dans une tour effondrée, près de l'ancien portique de l'église abbatiale dont on aperçoit encore quelques vestiges, un gracieux escalier à noyau ouvert se déroulant dans le vide, et aboutissant à la plate-forme de la chapelle.

Ce fut le 17 mars 1881 que Mgr Colet, archevêque de Tours, bénit solennellement le nouvel oratoire et y célébra la sainte messe.

« Après un siècle d'interruption, dit M. l'abbé Pouan, dans sa notice sur Notre-Dame des Sept-Dormants, la lampe du sacrifice se rallumait enfin dans nos chères catacombes. Sa Grandeur crut devoir annoncer qu'Elle allait offrir le Saint-Sacrifice pour le repos de l'âme de l'auteur des moines d'Occident ; c'était dignement inaugurer, en sa destination nouvelle, ce sanctuaire de propitiation, en même temps que témoigner à qui de droit la reconnaissance de l'église de Tours et de celle de ses pontifes. »

Nous avons vu dans le cours de cette histoire que la dévotion aux âmes du Purgatoire avait toujours été en honneur à Marmoutier. En relevant le sanctuaire des Dormants, la pieuse supérieure du Sacré-Cœur conçut le désir que ce lieu devint désormais un centre spécial de propitiation pour les âmes souffrantes. Un bref obtenu du souverain pontife Léon XIII consacra ce vœu, touchante et opportune restauration du passé.

Mais là ne devaient pas s'arrêter les travaux commencés sous une inspiration toute religieuse et française. Un peu plus haut dans les roches que la grotte des Sept-Dormants, s'en trouvait une autre, profanée aussi par le passage de la Révolution et digne du même respect : c'était là que le bienheureux reclus Léobard s'était caché au monde, qu'il avait vécu et qu'on l'avait enterré dans un tombeau creusé de ses propres mains. On entreprit de raviver dans le cœur des fidèles, le souvenir d'un saint que l'Eglise de Tours célèbre chaque année ; une façade dans le goût du VIe siècle indiqua ce nouveau sanctuaire, tandis qu'à l'intérieur, le rocher abrupt, affectant les formes les plus capricieuses, fut laissé dans son état naturel ; on y voit encore dans la partie la plus sauvage, une fosse assez profonde que l'on suppose avoir été la sépulture du cénobite. Un simple autel de granit, du genre de ceux qui se retrouvent dans les catacombes, permet d'offrir encore les saints mystères et achève de rendre à ces roches, si longtemps vénérées, leur caractère sacré (1).

A mesure que les lieux saints de Marmoutier reprenaient une nouvelle vie, le souvenir des hommages empressés dont on les entourait jadis, ranima la dévotion des Tourangeaux, et bientôt, grâce à l'initiative d'un prêtre du diocèse, dont le zèle pour saint Martin s'était déjà manifesté par la parole et par la plume, (2), on entreprit de renouveler les pèlerinages qui s'étaient accomplis autrefois. D'ailleurs, depuis quelques années déjà, on avait vu des pèlerins de Lourdes, des groupes de pieux voyageurs, visiter avec intérêt les grottes restaurées ; des prêtres et des Bénédictins surtout, demander comme une faveur de célébrer le Saint-Sacrifice de la Messe là où tant d'apôtres et de héros chrétiens avaient consumé leur vie dans la prière et la pénitence. Il n'y avait plus qu'un pas à faire

(1) Le 25 mai 1887, Mgr Meignan, archevêque de Tours, venait à Marmoutier pour bénir le nouvel oratoire reconstruit par les soins de Madame Puissant d'Agimont, supérieure de Marmoutier, 1885-1888.

(2) M. le chanoine Pouan.

pour ressusciter les stations de Pâques et de novembre, ce pas fut fait. Chaque année maintenant, des foules nombreuses et recueillies accourent vers Marmoutier aux deux époques traditionnelles, pour y entendre d'une voix autorisée les échos du passé vibrant encore à travers ces rochers agrestes, puis se désaltérer à la fontaine qui jaillit miraculeusement à la prière du Thaumaturge et s'incliner enfin dans un même sentiment, sous la bénédiction féconde de Jésus-Hostie (1). Et ce n'est pas seulement Tours et ses environs que l'antique abbaye revoit en pareils jours ; les enfants de la Belgique, de la Hollande, de l'Angleterre et de l'Irlande, et même du lointain Canada, se pressent sur cette terre sanctifiée, heureux de prier quelques instants dans la cellule du saint patriarche et dans celle de ses disciples. Ajoutons que des fouilles récentes (2), au pied des grottes de saint Martin et de saint Brice, ont mis à découvert le dallage en partie détruit de l'ancienne église abbatiale, ainsi que les bases des piliers du transept et de plusieurs colonnes qui en soutenaient la voûte; magnifiques débris d'architecture qui donnent une idée de la grandeur et de la beauté de l'édifice renversé, en même temps qu'un nouvel intérêt à l'ensemble des ruines de Marmoutier.

L'enclos de la « Terre des Saints » (3) jouit encore d'un dernier privilège. Tandis que dans le temps d'oppression et de servitude où nous vivons, le Dieu de l'Eucharistie est presque partout confiné dans ses temples, les religieuses du Sacré-Cœur et leurs élèves sont heureuses de lui ouvrir

---

(1) Depuis deux années, une procession magnifique des reliques de saint Martin, a été organisée dans l'enclos de Marmoutier, pour solenniser la fête de son ordination (4 juillet), appelée aussi la Saint-Martin d'été. Une foule immense accourt de la ville à cette occasion.

(2) Par les soins de Madame Gardaire, supérieure depuis 1893.

(3) C'est le nom sous lequel on s'est habitué à désigner Marmoutier, dans les maisons du Sacré-Cœur.

leurs portes et de lui faire en ces lieux, comme autrefois, un cortège d'honneur. On se croirait revenu aux âges de foi en voyant, le jour de la Fête-Dieu, et au 4 juillet, cette multitude de croyants et ce pittoresque défilé de bannières passer sous le vaste arceau gothique du Portail de la Crosse et franchir encore ces murs, vénérables témoins d'une autre époque. Alors le vieux monastère est comme renouvelé et le souvenir des anciens moines naît de l'opposition que présente ce gracieux coup d'œil : sous les ombrages épais et majestueux, se déroulent deux lignes de jeunes vierges voilées de blanc dont les voix fraîches et pures redisent avec élan les grandeurs de l'Homme-Dieu ; alors Celui qui, durant quinze siècles à peine interrompus, fut servi et chanté à Marmoutier, reçoit du haut d'un trône de verdure et de lumière dressé par l'amour de ses épouses, les hommages qu'au nom de nos pères dans la foi, leurs humbles héritières viennent lui présenter.

Oui, le Roi du ciel règne encore sur ce sol vénérable, et sa douce image, placée dans un modeste édicule au-dessus des grottes antiques et des constructions nouvelles, semble embrasser à la fois dans son Divin Cœur le passé pour le bénir, le présent pour le féconder, l'avenir pour le garder !

NOMS DES SAINTS

SORTIS DE MARMOUTIER

Saint Gatien, évêque de Tours, qui le premier fit séjour dans les rochers de Marmoutier.

Saint Martin, évêque de Tours, fondateur du monastère.

Saint Brice, évêque de Tours, disciple de saint Martin.

- — Maurille, év. d'Angers,   —
- —. Corentin, év. de Quimper,   —
- — Victor, év. du Mans   —
- — Victorius, év. du Mans,   —
- — Clair, prêtre,   —
- — Sulpice-Sévère, prêtre,   —
- — Mexme, de Chinon,   —
- — Romain, de Blaye,   —

Le vénérable Victor,   —

Saint Martin, évêque de Lyon   —

- — René, év. d'Angers,   —
- — Martin, relig. de Marmoutier, abbé de Saintes.
- — Martin,   —   abbé de Brives.
- — Savin,   —   solitaire en Poitou.
- — Macaire,   —   ermite en Anjou.

— Léobard, — solitaire.
— Romain, — abbé.
Les Sept-Dormants, — solitaires.
Le B. Barthelemy, abbé de Marmoutier.
Le Vén. Hervé de Villepreux, abbé de Marmoutier.

———

SAINTS QUI, SELON LA TRADITION

ONT PASSÉ

QUELQUE TEMPS A MARMOUTIER

———

Saint Patrice, évêque d'Irlande.
— Yrieix, abbé d'Atane (Limousin).
— Firmien, évêque d'Ecosse.
— Conam, saint de Bretagne.
— Mayeul, abbé de Cluny.
Le vénérable Frédéric, abbé.
— Ebrard, abbé de Saint-Calais.

TABLE DES MATIÈRES

CHAPITRE IV

CHAPITRE V

CHAPITRE VI

CHAPITRE VII

CHAPITRE VIII

CHAPITRE IX

CHAPITRE X

TROISIÈME PÉRIODE

DE L'INSTITUTION DES ABBÉS COMMENDATAIRES JUSQU'A LA RÉVOLUTION

(1540-1797)

CHAPITRE PREMIER

CHAPITRE II

CHAPITRE III

CHAPITRE IV

CHAPITRE V

QUATRIÈME PÉRIODE

DEPUIS LE PASSAGE DE LA RÉVOLUTION SUR LE MONASTÈRE

JUSQU'A L'ÉTABLISSEMENT

DES DAMES DU SACRÉ-CŒUR ET L'ÉPOQUE ACTUELLE 1797-1896)

CHAPITRE PREMIER

CHAPITRE II

FIN

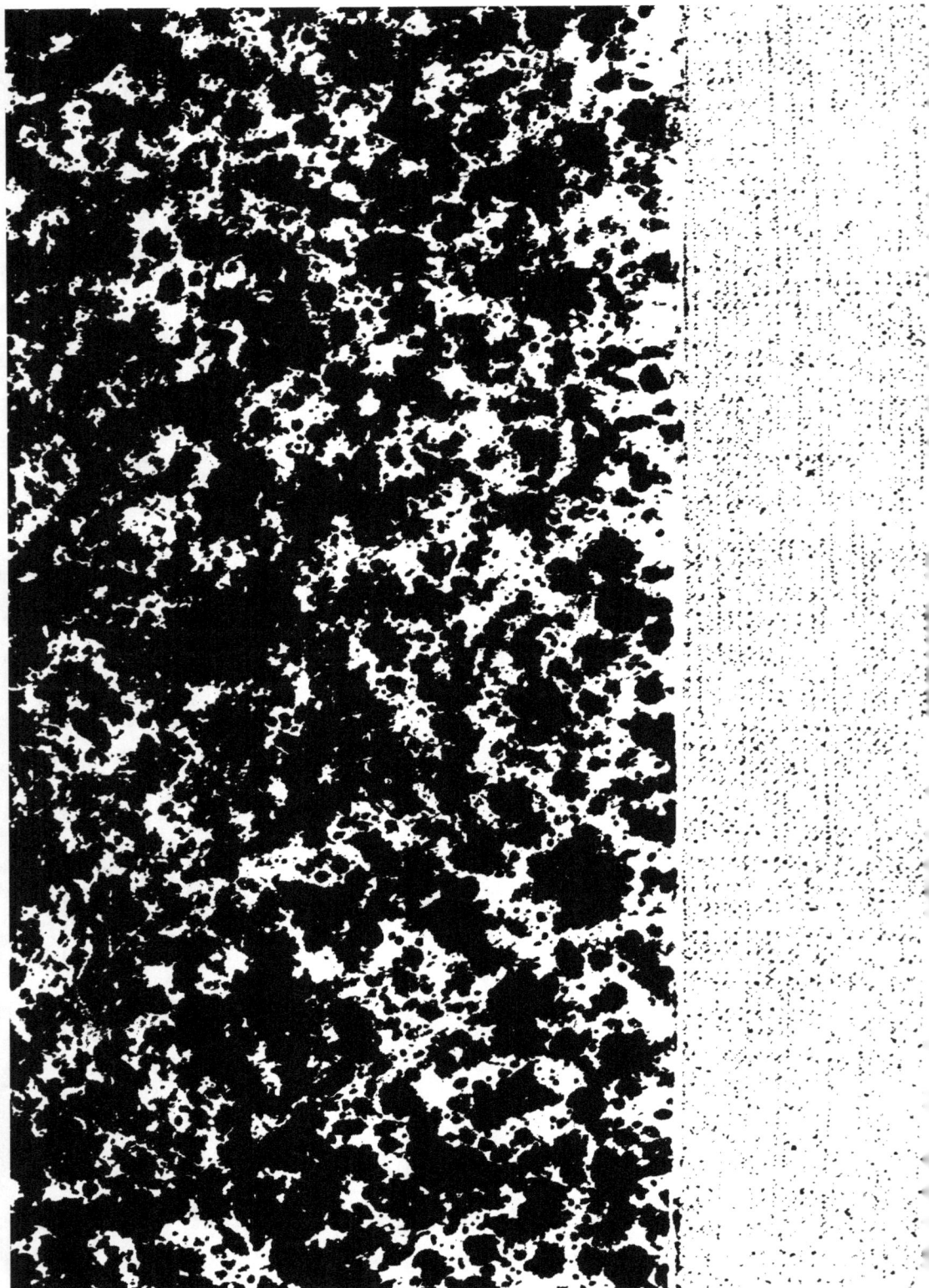

www.ingramcontent.com/pod-product-compliance
Lightning Source LLC
Chambersburg PA
CBHW052054090426
42739CB00010B/2165